中文社会科学引文索引（CSSCI）来源集刊

产业经济评论
REVIEW OF INDUSTRIAL ECONOMICS

第 21 卷　第 1 辑　（总第 69 辑）

主编　臧旭恒

中国财经出版传媒集团

经济科学出版社

Economic Science Press

图书在版编目（CIP）数据

产业经济评论. 第 21 卷. 第 1 辑/臧旭恒主编. --
北京：经济科学出版社，2022.3
ISBN 978 - 7 - 5218 - 3524 - 3

Ⅰ. ①产⋯ Ⅱ. ①臧⋯ Ⅲ. ①产业经济学 - 文集
Ⅳ. ①F062. 9 - 53

中国版本图书馆 CIP 数据核字（2022）第 049464 号

责任编辑：于　源　陈　晨
责任校对：刘　娅
责任印制：范　艳

产业经济评论

第 21 卷　第 1 辑　（总第 69 辑）
主编　臧旭恒
经济科学出版社出版、发行　新华书店经销
社址：北京市海淀区阜成路甲 28 号　邮编：100142
总编部电话：010 - 88191217　发行部电话：010 - 88191522
网址：www. esp. com. cn
电子邮箱：esp@ esp. com. cn
天猫网店：经济科学出版社旗舰店
网址：http://jjkxcbs. tmall. com
北京密兴印刷有限公司印装
787 × 1092　16 开　9. 25 印张　180000 字
2022 年 3 月第 1 版　2022 年 3 月第 1 次印刷
ISBN 978 - 7 - 5218 - 3524 - 3　定价：42. 00 元
（图书出现印装问题，本社负责调换。电话：010 - 88191510）
（版权所有　侵权必究　打击盗版　举报热线：010 - 88191661
QQ：2242791300　营销中心电话：010 - 88191537
电子邮箱：dbts@ esp. com. cn）

目　录

CONTENTS

第 21 卷第 1 辑　　　　　　　产业经济评论　　　　　　　Vol. 21　No. 1
2022 年 3 月　　　　Review of Industrial Economics　　　　March 2022

纵向合约与相关市场界定：来自中国
乘用车市场的证据

李　凯　孟一鸣[*]

摘　要： 如何界定相关市场是反垄断分析的重要研究问题。本文探讨纵向合约如何通过成本传递率对相关市场界定产生影响。基于中国乘用车市场背景，利用新实证产业组织研究方法，对于不同纵向合约如何通过成本传递影响相关市场界定进行实证研究。实证结果表明：线性定价下的成本传递率较低，一旦忽略成本不完全传递可能会低估制造商的利润率，进而导致相对较大的相关市场界定范围；在非线性合约下，较高的成本传递率不会对上游相关市场界定产生影响，界定相关市场时可以忽略上下游企业间的纵向合约。本文的启示是在成本不完全传递特征较为突出的市场中进行相关市场界定时，需要充分考虑纵向合约的作用。

关键词： 纵向合约　成本传递率　市场界定　临界转移率分析　NEIO

一、引　言

相关市场界定是对垄断行为进行分析的起点，也是反垄断执法的关键环节和基础性工作（余东华、马路萌，2013）。2020 年 9 月 18 日，国务院反垄断委员会发布了《关于汽车业的反垄断指南》，其中指出汽车产业链长，相关商品市场应该遵循《中华人民共和国反垄断法》和《国务院反垄断委员会关于相关市场界定的指南》所确定的一般原则和方法，同时需要考虑汽车行业的特点。

目前，相关市场界定通常采用假设垄断者测试的方法。早期的假设垄断者测试通过 SSNIP（价格微小但显著的非暂时性上涨）比较价格上涨后是否

* 本文受国家自然科学基金项目"企业纵向控制策略的识别、机理及其效应的实证研究"（71873026）资助。
感谢审稿人的专业修改建议！
李凯：东北大学工商管理学院；地址：沈阳市浑南区创新路 195 号，邮编 110169；E-mail：likai@ mail. neu. edu. cn。
孟一鸣：东北大学工商管理学院；地址：沈阳市浑南区创新路 195 号，邮编 110169；E-mail：ymmeng1020@ 163. com。

仍然有利可图确定最小产品集合。通常情况下，SSNIP 测试比较了价格上涨 5% ~ 10% 的收益和潜在需求的损失带来的额外成本的大小。随着研究的不断深入，学者们逐渐讨论新的理论研究方法，并将其纳入 SSNIP 分析框架中。Katz and Shapiro（2003）在其研究框架中强调了利润率与需求弹性之间关系的重要性，提出了临界转移率分析方法，其主要思想是通过 SSNIP 计算临界损失（CL）与实际损失（AL），对比其结果并确定相关市场。然而，在对上游制造商进行相关市场界定时，往往忽略了上下游企业之间的纵向合约，可能导致最终上游产品市场定义发生偏差。因此，在纵向视角下讨论纵向合约对相关市场的界定是亟待解决的问题。

在不同的纵向合约下，成本传递率会对相关市场界定产生一定的影响。相关市场界定的基本思想是产品间的替代性，Katz and Shapiro（2003）的研究中指出，相关市场界定会受到利润率、价格变化程度以及转移率（目标产品价格上涨导致消费者转向购买备选市场其他产品的数量占相关产品销量比例的总和）的影响。当考虑纵向合约时，一方面，不同的纵向合约可能会导致对制造商盈利能力产生不同的估计（Hastings，2004；Lafontaine and Slade，2008），较高的议价能力意味着企业的市场势力越大，进而说明备选市场中缺少与之替代性强的产品；另一方面，当制造商向最终消费者销售产品时，制造商制定的不同纵向合约会导致零售商为了防止零售市场份额损失而做出不同的反应（Chevalier et al.，2003；Villas – Boas，2007），进而造成成本的不完全传递，当成本不完全传递时，批发价格变化程度会高于最终产品价格的上涨。因此，当采用 SSNIP 分析界定相关市场时，一旦忽略纵向合约的影响会导致最终上游相关市场界定产生偏差。本文考虑了不同纵向合约下成本传递率对相关市场界定的影响。近年来，尽管国内学者对上下游企业间的纵向合约进行了相关的理论和实证研究，但却忽略了纵向合约对相关市场界定的影响。本文讨论了不同的纵向合约如何通过成本传递率影响制造商的市场定义。主要解决以下问题：制造商如何通过纵向合约传递给消费者？成本传递率对相关市场定义产生何种影响？对于这些问题的研究不仅有助于讨论纵向合约对成本传递率的影响，而且对我国汽车及其他行业的相关市场界定具有重要的现实意义，同时，本文的研究可以为反垄断执法提供一定的借鉴。

本文以 Haucap et al.（2021）的研究方法为基础，运用结构模型对中国乘用车市场的传递率进行估计，进而采用临界转移率分析方法界定相关市场。相比 Haucap et al.（2021）的研究，本文采用的实证方法充分考虑到制造商利润率以及产品间替代性的影响。本文使用结构模型对需求和供给模型进行估计，确定最优的纵向合约模型，并在最优模型下估计边际成本，随后，本文估计了成本传递率以及制造商加价，最后采用 K – S（Katz and Shapiro，2003）临界转移率分析法进行市场界定。在我国汽车市场中，复杂的纵向合约往往不具有可观察性。本文基于中国乘用车市场 2013 ~ 2016 年的微观数据，采用新实证产业组织研究方法，对不同纵向合约对整车制造商的市场定义的影响进行分析和讨论。本文的实证结果发现，纵向合约可以通过影响成本传递进而影响最终的相关市场界定。在线性定价下会产生较低的成本传递率，如果忽略成本不完全传递可能会低估制造商的利润率，进而导致相对较大的上游市场定义。相比线性定价，非线性定价合约会导致更高的成本传递，对相关市场界定结果的影响不大。本文的现实启示是，纵向合约会对制造商相关市场界定产生影响，司法实践时应该充分考虑不同行业的市场结构特点，对于成本传递率特征尤为明显的行业，在进行相关市场界定时，应该进一步考虑上下游之间的纵向关系，对于成本传递率较高的行业可以忽略纵向关系的作用。

　　文章结构如下：第一部分是引言；第二部分是文献综述；第三部分给出了数据说明和研究假设；第四部分介绍了实证研究设计；第五部分给出并分析了实证结果；接下来，为了讨论本文结果的稳健性，第六部分进行了稳健性检验，证明了实证结果的稳健性；第七部分对文章进行总结，给出了相关结论。

二、文 献 综 述

　　界定相关市场是反垄断执法中的重要步骤，并且在分析反垄断案件中发挥着重要作用。SSNIP（价格微小但显著的非暂时性上涨）测试是进行市场定义的主要工具，通过假设垄断者在竞争水平的基础上提高 5% ~ 10% 的产品价格寻找最小的产品组合。当价格上涨无利可图时，则找到了最小的相关市场集合。然而，SSNIP 测试在实际应用中存在许多问题，如果价格水平达到垄断价格水平时，会导致市场定义过大（Turner，1982；Ordover and Willig，1983；Pitofsky，1990）。在应用方面，Harris and Simons（1989）最先提出了临界损失分析。随后，部分学者扩展了临界损失方法的应用（Werden，1998；Hüschelrath，2009）。考虑到市场势力与价格弹性之间的关系，Johnson（1989）提出了临界弹性分析方法，该方法相对标准的临界损失分析有更高的优势。此外，考虑到在标准临界损失分析中，忽略利润率和需求弹性之间的关系从而导致更大的市场界定，O'Brien and Abraham（2003）提出了新的相关市场界定标准——临界转移率分析法，该方法不仅考虑了备选市场中的替代关系，还涉及勒纳指数的应用（黄坤等，2013）。因此，本文采用 K - S 临界转移率分析法界定相关市场。

　　上游成本变化引起零售价格变化程度被定义为传递率。以往的研究多关注横向市场结构对于成本传递的影响，较少的文献关注纵向合约的作用。Bresnahan and Reiss（1985）的研究表明，如果制造商采用线性定价模型，则零售商的加价与制造商的加价的比值等于零售环节的成本传递率，即批发价格到零售价格的传递率。Weyl and Fabinger（2013）将此结论延伸到不完全竞争市场的产业链。Adachi and Ebina（2014）指出，当且仅当需求函数为对数凹时，产业链的成本传递率才会大于批发环节的传递率。Gaudin（2016）分析了上下游竞争程度和市场势力对成本传递率的影响。Bonnet et al.（2013）给出了纵向合约与成本传递率的关系，并认为非线性合约且存在 RPM 的条件下，转售价格维持可以增加成本传递的冲击。Hong and Li（2017）认为双重加价会降低成本传递率，一体化时自有品牌能够增强成本传递率。

近年来，随着新实证产业组织研究方法（NEIO）的兴起，越来越多的产业组织问题采用该方法进行实证研究，并且逐渐被应用到产业链纵向关系的实证研究文献。Villas – Boas（2007）首先给出了纵向合约的识别方法，该研究分别构建了双重加价、非线性定价下的纵向合约模型。Bonnet and Dubois（2010）给出了有无 RPM 下的非线性合约模型。Goldberg and Verboven（2001）、Friberg and Romahn（2018）等利用 NEIO 估计了成本传递率。国内大多数 NEIO 文献仅讨论了其弱化竞争效应。肖俊极、谭诗羽（2016）分析了纵向一体化与企业间的价格合谋行为。李凯、赵伟光（2018）利用新实证产业组织研究方法，讨论了 RPM 对竞争损害的影响，并得出结论：在高端乘用车市场中，弱化竞争产生的加价能力最高。现有的研究中，纵向合约与相关市场界定的实证文献较少，Brenkers and Verboven（2007）在双重加价模型下给出了 SSNIP 市场定义检验。Haucap et al.（2021）在此基础上考虑了纵向关系、成本传递率与市场定义之间的关系。

尽管关于相关市场界定的文献很多，但传统的 SSNIP 测试忽视了制造商的利润率以及备选产品的替代关系（占佳，2020），并且现有的相关市场界定问题多涉及横向市场结构，忽视了市场界定时纵向合约的作用，可能最终导致错误的市场定义结果。总体来看，从纵向视角、相关市场集合与备选产品集合之间的替代性以及制造商的利润率等综合考虑相关市场界定的文献不多。与本文最为接近的文章是 Haucap et al.（2021），然而，Haucap et al.（2021）利用产品价格上涨前后利润变化界定相关市场，并没有考虑到相关市场与备选产品之间的替代性。为此，本文在 Haucap et al.（2021）的研究基础上，讨论纵向合约、成本传递与相关市场界定之间的关系。纵向合约中成本传递与相关市场定义之间息息相关，如何从纵向视角合理给出相关市场界定方法在反垄断问题分析中尤为重要。

三、数据说明与研究假设

（一）市场与数据说明

中国汽车市场的纵向组织结构特点较为突出，通常情况下，整车企业往往往会与下游经销商签订纵向合约。在进行相关市场界定时，首先要确定预选的相关市场，本文将样本按照产品价格进行分类，主要分类为：10 万元以下为经济型，10 万 ~ 15 万元为普通型，15 万 ~ 25 万元为中端车，25 万元以上为高端车。此外，将上述四个分类按照合资品牌与本土品牌进行再次分类，样本中各类别产品的月平均销量如图 1 所示。由图 1 结果可知，在高端轿车市场中，合资品牌所占的市场份额约为高端车的 73.26%。因此，本文将合资品牌高端车市场作为首选的最小的产品集合，接下来分别选择不同的备选产品集合进行相关市场界定。

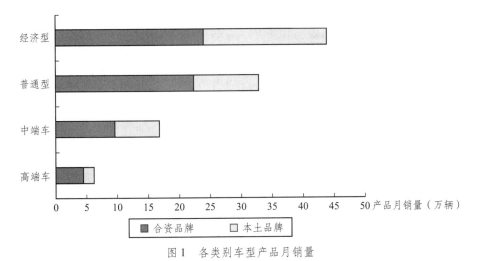

图 1 各类别车型产品月销量

资料来源：笔者根据相关数据整理所得。

本文的分析包括 307 个车型 48 个月的零售价格、产品特征，以及市场份额数据。由于在样本中数据存在新产品的进入以及旧产品的退出，因此，样本量为 10109。在实证分析中，本文使用了中国汽车工业协会（CAAM）的车型销售数据，广州威尔逊咨询有限公司汽车数据交易平台数据库的月度价格数据以及汽车之家网站的产品特征数据。此外，消费者价格指数（CPI）数据和原油价格（WIT）数据分别从国家统计局网站和美国能源信息管理局（EIA）收集。产品特征包括长度（mm）、宽度（mm）、高度（mm）、最高速度（km/h）、质量（kg）、轴距（mm）、油耗（L/km）、油箱容积（L）、排量（ml）、最大马力（Ps）、最大功率（kW），最大功率速度（rPM）和最大扭矩（Nm）等 17 个产品特征。产品特征的描述性统计如表 1 所示。根据不同产品的特性，不同型号之间会有很大差异。此外，本文假定人口特征服从正态分布。

表 1　　　　　　　　　　产品月销量、产品特征的描述性统计

变量	均值	标准差	最小值	最大值
价格（万元）	13.37	9.24	3.10	69.86
销量（万辆）	6265.10	7756.58	1	65138
长度（mm）	4571.40	313.75	2335	5223
宽度（mm）	1778.06	71.53	1280	1910
高度（mm）	1479.37	35.18	1355	1670
最高车速（km/h）	193.61	17.31	145	245
综合油耗（L/km）	6.29	0.95	1.6	10
轴距（mm）	2684.70	149.77	1510	3109
整备质量（kg）	1318.22	219.50	866	1940
车门数（个）	4.22	0.414	4	5
座位数（个）	4.98	0.13	4	5
油箱容积（L）	53.47	9.74	30	80
排量（ml）	1.59	0.275	1	3
气缸数（个）	3.95	0.31	3	6
气门数（个）	4.01	0.10	4	5
最大马力（Ps）	137.43	40.56	65	405
最大功率（kW）	101.86	32.30	20	298
最大扭矩（Nm）	192.29	68.67	89	543
最大功率转速（rPm）	5780.48	499.71	4000	6600

资料来源：利用 Stata 16 估计得出。

　　本文选取月度销量数据、产品价格数据，CPI 和 WIT 数据以及产品特征用于需求估计，其中，由于产品特征之间可能会存在共线性，本文对 17 个产品特征进行主成分分析处理，选取前 10 个主成分作为产品特征数据，其累计贡献率可以达到 94%。为了处理需求估计中的价格内生性问题，本文选取消费者价格指数以及原油价格指数作为工具变量进行 GMM 估计。

　　在供给函数中，首先需要对不同纵向合约下的边际成本进行估计。此外，为了识别最贴近真实数据的纵向合约模型，需要对边际成本函数进行回归，进而对估计结果进行非嵌套检验。因此，本文选取产品销量和车型特征的主成分作为解释变量，并将估计的边际成本作为被解释变量进行模型回归。

（二）研究假设

本文借用 Katz and Shapiro（2003）提出的临界转移率分析方法，并在其中引入成本传递率，分析纵向视角下成本传递率对相关市场界定的影响。假设两种情景：（1）成本完全传递（RPM）；（2）成本不完全传递（线性定价合约与两部收费合约）。通过计算临界损失和实际损失，并对比其结果，讨论纵向视角下成本传递率对相关市场界定的影响。临界转移率分析的主要思想是，通过对比临界损失和实际损失的大小确定相关市场。其中，临界损失可以表示为：

$$CL = \frac{\Delta p / p_0}{\Delta p / p_0 + markup / p_0} = \frac{\Delta p}{\Delta p + markup} \tag{1}$$

实际损失公式可以表示为：

$$AL = \frac{\Delta p / p_0 (1 - D^*)}{markup / p_0} = \frac{\Delta p (1 - D^*)}{markup} \tag{2}$$

其中 Δp 表示价格上涨大小，p_0 表示产品价格，markup 表示制造商加价。D^* 表示当产品价格上涨 Δp 时，相关市场集合内产品价格上涨导致消费者转向购买备选产品集合的其他产品的数量占总体产品销量比例总和。由于在临界转移率分析中，D^* 仅与价格上涨有关，当假设价格上涨 Δp 时，D^* 保持不变。接下来，本文分析当存在纵向合约时，如何影响相关市场界定，并提出本文的假设。

1. 成本完全传递（RPM）

当存在纵向约束时，制造商会制定产品最终价格（RPM），批发价格用于提取零售商的租金。假设产品价格上涨 Δp 时，对于制造商临界损失可以表示为：

$$CL = \frac{\Delta w / w_0}{\Delta w / w_0 + markup / w_0} = \frac{\Delta w}{\Delta w + markup} \tag{3}$$

实际损失可以表示为：

$$AL = \frac{\Delta w / w_0 (1 - D^*)}{markup / w_0} = \frac{\Delta w (1 - D^*)}{markup} \tag{4}$$

其中，Δw 表示批发价格上涨大小，w_0 表示产品的批发价格，markup 表示制造商加价。

当成本完全传递 $\Delta p / \Delta w = 1$ 时，界定上游制造商的相关市场，分别对比式（1）与式（3），以及式（2）和式（4），结果表明纵向合约对相关市场界定的影响的结果仅取决于制造商的加价。因此，在转售价格维持合约下，不会对相关市场界定结果造成影响。基于以上的理论分析，可以得出本文的研究假设 1。

假设 1：当成本完全传递时，纵向合约不会影响相关市场界定的结果。

2. 成本不完全传递（线性定价合约与两部收费合约）

当成本不完全传递 $\Delta p / \Delta w < 1$ 时，界定上游制造商的相关市场时，对比式（1）与式（3），以及式（2）和式（4）的大小，结果表明纵向合约对相关市场界定的影响的结果不仅取决于制造商的加价，还需要考虑成本传递率的大小。因此，基于以上的理论分析，可以得出本文的研究假设 2。

假设 2：当成本不完全传递时，纵向合约可能会影响相关市场界定的结果。

四、实证研究设计

本文通过需求与供给函数建模来解决市场界定的相关问题。主要考虑以下几个步骤：首先，估计市场的需求函数，根据产品的销售数据，采用随机系数 logit 模型估计消费者需求；确定消费者的需求函数后，本文利用需求估计和纵向合约模型计算其产品加价；接下来根据成本函数推测最优的定价模型；然后，根据不同的纵向合约模型估计成本传递率，并重新计算不同纵向合约下新的市场均衡；最后，利用临界转移率分析界定相关市场。

（一）需求模型

首先本文估计了标准的随机系数 logit 模型，假设消费者在 t 时间内，从零售商 r 销售的 N_r 种产品中进行选择。消费者要么从其中购买产品，要么进行外部选择。如果消费者 i 在时间 t 选择购买零售商 r 的产品 j，则消费者的间接效用为：

$$u_{ijt} = \sum_k x_{jk}\beta_k + \alpha p_{jt} + \xi_{jt} + \varepsilon_{ijt} \tag{5}$$

其中，x_{jk} 为产品 j 的产品特征 k，p_{jt} 为产品 j 在市场 t 的价格，ξ_{jt} 表示消费者可以观察到但研究人员不可观测的产品特征，ε_{ijt} 是特定的随机误差项，并假设服从 I 型极值分布。$\bar{\alpha}$ 表示消费者对产品特征共同的平均偏好参数，α^0 表示产品价格的一致性参数，$\alpha = \bar{\alpha} + \alpha^0$。令 $\theta^D = (\beta, \alpha)$，消费者的间接效用函数可以表示为：

$$u_{ijt} = \delta_{jt} + \psi_{ijt} + \varepsilon_{ijt} \tag{6}$$

其中，$\delta_{jt} = \sum_k x_{jk}\beta_k + \bar{\alpha}p_{jt} + \xi_{jt}$ 是消费者的平均效用，$\psi_{ijt} = \alpha^0 p_{jt}$ 表示消费者对于产品价格的异质性偏好。

因此，消费者 i 在市场 t 中选择产品 j 的概率为：

$$P_{ijt} = \frac{\exp(\delta_{jt} + \psi_{ijt})}{1 + \sum_k \exp(\delta_{kt} + \psi_{ikt})} \tag{7}$$

市场 t 中产品 j 预测的市场份额表示所有可用产品产生最高效率的概率，通过消费者个体进行积分可以得到预测的市场份额表达式为：

$$s_{jt}(\theta^D) = \int \frac{\exp(\delta_{jt} + \psi_{ijt})}{1 + \sum_k \exp(\delta_{kt} + \psi_{ikt})} dv_i \tag{8}$$

v_i 表示消费者分布，并假设其服从标准正态分布。

（二）供给模型

实证模型的第二步是根据需求结果估计不同的纵向合约模型的价格成本利润率，进而估计边际成本的大小。在供给侧函数构建过程中，本文采用 Bonnet et al.（2013）提出的纵向合约模型，并且构建了 3 个纵向合约模型，随后通过非嵌套检验推测最优定价结果。在本文的模型中，每个零售商会选择产品价格以使其利润达到最大化。接下来的供给侧模型构建是在需求函数估计结果的基础上进行的。

假设制造商 f 与零售商 r 之间为 Stackelberg 模型，制造商首先设定产品的批发价格 w，制造商之间进行 Bertrand 竞争，随后，零售商也进行 Bertrand 竞争同时设定零售价格 p。每个制造商会计算产品的联合利润，并使联合利润最大化。因此，每个零售商 r 在时间 t 的利润函数为：

$$\pi_{rt} = \sum_{j \in S_{rt}} (p_{jt} - w_{jt} - c_{jt}^r) M_{rt} s_{jt}(p) \tag{9}$$

其中，M 是市场规模，S_r 是零售商销售的产品集合，w_{jt} 表示零售商为产品 j 支付的批发价格，c_{jt}^r 是零售商对产品 j 的边际成本，$s_{jt}(p)$ 为产品 j 的市场份额，在纯策略纳什均衡下关于价格和服务的一阶条件分别为：

$$s_{jt}(p) + \sum_{m \in S_{rt}} (p_{mt} - w_{mt} - c_{mt}^r) \frac{\partial s_{mt}}{\partial p_{mt}} = 0 \tag{10}$$

令 T_r 是零售商的所有权矩阵，T_r 是对角矩阵。当零售商 r 出售产品 j 时，矩阵 T_r 的元素 $T_r(j, j)$ 为 1，否则为 0。令 Δ_{rt} 为零售商的反应矩阵，表示总份额对于所有零售价格的一阶导数，其中元素 $\Delta_{rt}(i, j) = \frac{\partial s_{jt}}{\partial p_{it}}$。因此，零售商隐含的价格 – 成本利润以及最优服务的向量表达式为：

$$\gamma = p_t - w_t - c_t^r = -(T_r * \Delta_{rt})^{-1} s_t(p) \tag{11}$$

制造商 f 选择批发价格 w 使其利润最大化：

$$\pi^f = \sum_{j \in S_f} M[w_j - \mu_j] s_j[p(w)] \tag{12}$$

其中，S_f 是由制造商 f 的产品集合。令 I_f 表示制造商 f 的所有权矩阵，如果产品 i 和产品 j 是由制造商 f 生产的，则 $I_f(i, j) = 1$，否则为 0。因此，制造商利润最大化的一阶条件，在纯策略纳什均衡下的批发价格可以表示为：

$$\Gamma = w - u = -[T_f P_w S_p T_f]^{-1} T_f s(p) \tag{13}$$

接下来，假设制造商与零售商之间使用非线性定价合约。当实施 RPM

时，制造商可以控制产品的零售价格。假设制造商向零售商提供合约，零售商会选择接受或者不接受合约。制造商提供两部收费制合约：零售商 r 销售制造商 f 的产品，需要支付批发价格 w_s 和特许经营费用 F。当存在 RPM 时制造商会限定零售价格为 p_{sr}，零售商选择接受或拒绝合约均为公开信息，如果有一个拒绝，则所有合约都被拒绝。零售商接受合约后，零售商会同时设定零售价格。

如果制造商与零售商之间采用两部收费制合约，零售商 r 的利润函数为：

$$\pi^r = \sum_{j \in S_{rt}} (p_{jt} - w_{jt} - c_{jt}^r) M_{rt} s_{jt}(p) + F_{jt} \tag{14}$$

制造商 f 的利润为：

$$\pi^f = \sum_{s \in S_f} \left[M(w_s - \mu_s) \sum_{r=1}^{R} S_{sr}(p) - \sum_{r=1}^{R} F_{sr} \right] \tag{15}$$

制造商 f 通过设定两部收费制合约实现利润最大化，但同时需要满足约束条件：

$$\pi^r \geqslant \overline{\pi}^r \quad r = 1, 2, \cdots, R$$

由于制造商可以调节固定费用，上式中所有的约束条件均能满足，制造商的最大化条件为：

$$\pi^f = \sum_{k \in S_f} \left[M(w_k - \mu_k) \sum_{r=1}^{R} s_{kr}(p) + \sum_{r=1}^{R} \sum_{s \in S_r} M(p_{sr} - w_s - c_{sr}) s_{sr}(p) \right.$$
$$\left. - \sum_{r=1}^{R} \overline{\pi}^r + \sum_{s \in S_f} \sum_{r=1}^{R} F_{sr} \right] \tag{16}$$

当允许 RPM 时，制造商会选择零售价格，批发价格对利润没有直接影响。此时，制造商要选择零售价格，因此，利润最大化的一阶条件分别为：

$$\sum_{r=1}^{R} \sum_{k \in S_f} (w_k - \mu_k) \frac{\partial s_{kr}(p)}{\partial p_{jr'}} + s_{jr'}(p) + \sum_{r=1}^{R} \sum_{s \in S_f} (p_{sr} - w_s - c_{sr}) \frac{\partial s_{kr}(p)}{\partial p_{jr'}} = 0 \tag{17}$$

由于批发利润和零售利润均未知，因此无法识别模型。此时需要添加条件，我们假设批发利润为 $0(w - \mu = 0)$。因此，制造商的价格－成本利润的向量表达形式为：

$$\Gamma = p_t - w_t - c_t^r = -(T_r * \Delta_{rt})^{-1} s_t(p) \tag{18}$$

当不存在 RPM 时，制造商的价格成本利润率的向量表达形式可以表示为：

$$\Gamma = w - \mu = -(T_{fu} P_{wu} S_p T_{fu})^{-1} [T_{fu} P_{wu} s(p) + T_{fu} P_{wu} S_p(p - w - c)] \tag{19}$$

此时，零售商的一阶条件与线性定价相同。

（三）成本传递率与市场定义

接下来，本文介绍了纵向合约如何影响相关市场的界定的模型构建。首先，计算了在不同纵向合约下成本冲击如何对消费者价格产生影响。根据 Bonnet et al.（2013）的实证模型，本文计算了在供给侧隐含的成本传递率，随后讨论成本传递率如何对市场定义结果产生影响。

为了计算不同的纵向合约模型下的成本传递率，本文采用 Haucap et al.（2021）的实证方法。首先选定最优的定价模型，并估计其边际成本向量，因此，边际成本向量的表达方式是：

$$C = p - \Gamma - \gamma \tag{20}$$

其中，p 表示观察到的零售价格向量，Γ 和 γ 分别表示制造商和零售商在供给侧模拟的产品加价的向量表达式。随后采用最优定价模型中估计的边际成本代入其他定价模型的一阶条件，计算新的价格，利润和市场份额。因此，需要解决的最大化问题转换为：

$$\min_{(p_{jt}^*)_{j=1,\cdots,J}} \left\| p^* - \Gamma^*(p^*) - \gamma^*(p^*) - (1+\lambda) \times C \right\| \tag{21}$$

其中，$\lambda = 0$。为了估计供给侧模型的成本传递率，本文将边际成本向量提高 10%（$\lambda = 0.1$），从而求解新的均衡点。成本传递率的表达式可以表示为：

$$\kappa = \frac{p^* - p}{\lambda \times p} \tag{22}$$

下面，本文分析市场定义中成本传递率的作用。首先，将相关市场内所有产品的价格上涨，此外，保持相关市场外部产品的价格不变；其次，根据定价假设，通过评估 K–S 的临界转移率分析进行市场界定。具体步骤如下：首先，将相关产品集合中所有的产品零售价格提高 10%，可以根据成本传递率计算出制造商的利润率（pcm）的变化，其次，计算当相关市场产品价格上涨时，消费者购买备选市场产品集合的数量，最后根据 K–S 分析，分别计算临界转移率公式 CL 以及实际损失公式 AL。通过比较 CL 和 AL 的大小确定相关市场。

（四）估计方法

利用随机系数 logit 模型进行需求估计。由于需求估计过程中，产品价格会存在内生性问题，因此，需要选取合适的工具变量进行需求估计。为此，本文选取消费者价格指数以及原油价格指数作为需求估计的工具变量。因此，需求函数的估计问题转化为：

$$\hat{\theta}^D = \operatorname{argmin} \hat{m}(\theta^D)' W \hat{m}(\theta^D)$$
$$\text{s. t.} \quad s(\theta^D) = s \tag{23}$$

其中，$E[\Delta\xi_j(\theta^D) | Z] = 0$ 是需求侧 GMM 的总体矩条件，令 $m(\theta^D) = \Delta\xi_j Z$，$W$ 为权重矩阵，θ^D 为所有需求参数组成的向量。Z 是需求函数的工具变量。因此，相应的样本矩条件为：

$$G(\hat{\theta}^{D}) = \frac{1}{n} \sum \Delta\xi_{j} Z = 0 \tag{24}$$

五、实 证 结 果

首先，利用广义矩估计估计随机系数 logit 模型中的需求参数；接下来，利用需求估计结果估计供给函数；随后，根据供给侧估计结果采用非嵌套检验进行两两测试，选择最符合数据的定价模式并计算不同的合约下的成本传递率；最后对比临界转移率分析结果。

（一）需求估计结果

需求的估计结果如表 2 所示，采用 OLS 和随机系数 logit 模型进行估计，考虑了消费者对于产品价格的异质性，其中，模型 3 为最优选择工具变量的估计结果，由于产品特征之间存在共线性，本文对产品特征向量进行了主成分分析的预处理，采用前 10 个产品特征的主成分进行需求估计。表 2 给出产品特征各主成分的估计结果。模型 1 至模型 3 的产品价格系数均为负，价格参数的估计结果与预期符号一致，比较三个模型的拟合优度，模型 3 具有最好的拟合结果，产品价格的平均参数为 -0. 2046 且结果显著，由于本文允许产品价格系数具有异质性，随机参数为 -0. 1145 且结果显著，说明消费者对于产品价格具有明显的异质性。其余的主成分估计系数基本相同，尽管模型 3 中的 X6 的系数与模型 1，模型 2 不同，但其结果并不显著。此外，模型 3 的 J - 统计量为 3. 410 且 P 值介于 0. 1 ~ 0. 25 之间，表明模型 3 相比模型 2 的工具更加有效。因此，根据前面的分析，本文选取模型 3 的估计结果进行供给侧模型估计。

表 2　　　　　　　　　　　　需求估计结果

变量	OLS（1）	GMM（2）		GMM（3）	
		Mean	RC	Mean	RC
Price	-0. 0195 *** (0. 0047)	-0. 1322 *** (0. 0040)	-0. 0542 *** (0. 0035)	-0. 2046 *** (0. 0068)	-0. 1145 *** (0. 0042)
X1	0. 0704 (0. 0524)	-0. 1330 (0. 0470)	—	0. 2141 *** (0. 0526)	—
X2	0. 0462 ** (0. 0230)	0. 0138 (0. 0156)	—	0. 0557 *** (0. 0185)	—

续表

变量	OLS（1）	GMM（2）		GMM（3）	
		Mean	RC	Mean	RC
X3	−0.1407 *** (0.0225)	−0.1098 *** (0.0201)	—	−0.0850 *** (0.0210)	—
X4	0.2987 *** (0.0352)	0.8310 *** (0.0323)	—	0.7107 *** (0.0335)	—
X5	−0.1335 *** (0.0264)	−0.3591 *** (0.0289)	—	−0.3046 *** (0.0294)	—
X6	0.1401 ** (0.0573)	0.2639 *** (0.0565)	—	−0.0149 (0.0583)	—
X7	−0.2958 *** (0.0504)	−0.0713 (0.0459)	—	−0.2961 *** (0.0484)	—
X8	−0.3134 *** (0.0290)	−0.2154 *** (0.0285)	—	−0.2154 *** (0.0289)	—
X9	−0.0412 * (0.0198)	−0.1342 *** (0.0104)	—	−0.0800 *** (0.0114)	—
X10	−0.2644 *** (0.0371)	−0.2154 *** (0.0357)	—	−0.2334 *** (0.0342)	—
R^2	0.2937	0.3994		0.6982	
J−统计量	—	0.603		3.410	
Observations	10109	10109		10109	

注：括号内为标准误差，*** 表示显著性水平为 0.01，** 为 0.05，* 为 0.1。
资料来源：利用 MATLAB 估计得出。

（二）供给函数估计结果

接下来，本文进行供给侧函数估计。在模型假设中，本文假设三种不同的纵向控制合约，由于 RPM 可能会弱化制造商之间竞争，造成企业间合谋行为。根据 Hu et al.（2014）的假设，本文对 RPM 定价合约做出 5 种模型假设。模型 1 和模型 2 分别为线性定价模型以及没有 RPM 的非线性定价模型。模型 3 至模型 5 分别为 RPM 定价合约，其中，模型 3 表示具有 RPM 的非线性定价合约，模型 4 为合资企业中共同国有企业间存在合谋；模型 5 是合资企业中共同外国企业合谋；模型 6 大型国有企业与共同外资企业相关联的合谋；模型 7 是所有公司合谋。

（三）非嵌套检验

下面，本文对 7 种纵向合约模型进行非嵌套检验，从而推测最贴近本文数据的纵向合约模型。为了识别最贴近本文数据的纵向合约，本文利用 Rivers and Vuong（2002）提出的非嵌套检验对不同供给模型进行成对检验。检验结果如表 3 所示。非嵌套检验结果支持模型 5 为数据最贴近 RPM 定价合约，并且存在合资企业中共同外资企业间的合谋行为。因此，从表 3 的结果可以看出，RPM 定价合约在中国汽车市场普遍存在。接下来，本文保持最优定价模型中产品的边际成本不变，并对不同合约情境进行反事实模拟，求解新的均衡结果。

表 3 非嵌套检验结果

项目	模型 2	模型 3	模型 4	模型 5	模型 6	模型 7
模型 1	− 21. 6346	− 22. 0944	26. 9136	− 23. 2602	− 23. 8628	147. 0328
模型 2		− 7. 9716	30. 7579	− 12. 3416	− 13. 4230	146. 6835
模型 3			30. 9755	− 10. 8238	− 12. 1220	146. 7935
模型 4				− 31. 5749	− 31. 6054	144. 9312
模型 5					2. 2620	146. 7177
模型 6						146. 8841

注：表格内为非嵌套检验计算的 Z 统计量。
资料来源：利用 Stata 16 估计得出。

（四）成本传递率估计结果

为了计算不同纵向合约的均衡结果，本文假设最优纵向合约的边际成本不变，并利用供给侧定价模型重新计算了三种定价模型的均衡结果，结果如表 4 所示。

表 4 供给模型的新均衡结果

纵向合约	模拟新的均衡结果		
	RPM	Non – RPM	线性定价
价格（万元）	13. 5397	14. 5086	16. 0839
零售商加价（γ）	—	3. 2898	3. 1036
制造商加价（Γ）	3. 9869	1. 6660	3. 4275
渠道成本	9. 5528	9. 5528	9. 5528
传递率（%）	—	79. 84	62. 56

续表

纵向合约	模拟新的均衡结果		
	RPM	Non – RPM	线性定价
价格上涨 1% Δw 变化（%）	1	1.25	1.60
价格上涨 5% Δw 变化（%）	5	6.26	7.99
价格上涨 10% Δw 变化（%）	10	12.53	15.98

资料来源：利用 MATLAB 估计得出。

　　表 4 给出了反事实模拟中不同纵向合约模型下的均衡价格，估计的产品加价和成本传递率。第 1 列表示通过非嵌套检验推测的最优合约模型（RPM），以及数据中真实价格的均衡结果。根据第 1 列的边际成本估计，利用反事实模拟计算了第 2 列以及第 3 列中新的均衡价格和产品加价。比较结果可以发现，RPM 会导致最低的整体产品加价，但会产生最高的制造商加价，制造商通过内部化所有交叉价格弹性达到其利润最大化。第 3 列中结果表明，线性定价下渠道整体利润最高。此外，本文还估计了不同纵向合约下的成本传递率，估计结果表明，在 Non – RPM 和线性定价下的成本传递率分别为 79.84% 和 62.56%。在线性定价下，具有更低的成本传递。零售商根据制造商的定价制定新的产品价格，因此，当制造商提高产品批发价格时，为了获取市场份额，零售商会降低将成本转嫁给消费者的程度。根据成本传递率的估计结果，本文分别计算了当假设产品价格上涨 1%、5% 和 10% 时，制造商的批发价格变化情况，根据式（3）和式（4），可知临界损失与实际损失的度量可以分别转化为：$\Delta w/(\Delta w + \Gamma)$ 以及 $\Delta w(1 + D^{*})/\Gamma$，因此，可以通过比较上述两个公式确定临界损失和真实损失的大小，进而确定相关市场。根据表 4 的估计结果可以发现，当存在不同的纵向合约进行临界转移率分析时，可能会得到不同的市场界定结果，因此，纵向合约会对市场界定产生影响。接下来本文根据表 4 中的结果具体地讨论纵向合约对相关市场界定的影响。

（五）临界转移率分析

　　为了讨论纵向视角下，纵向合约及成本传递率如何影响相关市场界定，接下来本文采用 K – S 的临界转移率分析方法，检验中国乘用车市场的市场定义结果。结果如表 5 所示。首先，选取预选产品市场集合，接下来，考虑相关市场的产品集合内所有产品的零售价格上涨，然后分析备选市场中产品销量的变化，最后根据临界转移率分析比较临界损失与实际损失大小。

表 5　　　　　　　　不同纵向合约下高端汽车市场的临界损失与实际损失

纵向合约	价格上涨幅度（%）	1	5	10
线性定价 （不完全传递）	临界损失 CL	0.1011	0.2623	0.3285
	实际损失 AL	0.0248	0.2273	0.1079
	临界损失与实际损失比较	CL > AL	CL > AL	CL > AL
线性定价 （完全传递）	临界损失 CL	0.1164	0.3955	0.5658
	实际损失 AL	0.1233	0.4220	0.2914
	临界损失与实际损失比较	AL > CL	AL > CL	CL > AL
非线性定价非 RPM （不完全传递）	临界损失 CL	0.2235	0.3541	0.3893
	实际损失 AL	0.2882	0.3689	0.1665
	临界损失与实际损失比较	AL > CL	AL > CL	CL > AL
非线性定价非 RPM （完全传递）	临界损失 CL	0.3393	0.6640	0.7846
	实际损失 AL	0.6848	2.3991	1.8858
	临界损失与实际损失比较	AL > CL	AL > CL	AL > CL
转售价格维持	临界损失 CL	0.0956	0.3436	0.5100
	实际损失 AL	0.995	0.3552	0.3083
	临界损失与实际损失比较	AL > CL	AL > CL	AL > CL

资料来源：利用 MATLAB 估计得出。

　　表 5 给出了当相关市场的产品集合为高端合资汽车，备选市场为高端本土汽车时，线性定价和非线性定价合约对市场定义结果变化的影响。本文在假设保持边际成本不变的情况下分析不同纵向合约下市场定义结果的变化，并模拟相关的均衡价格，产品加价以及市场份额变化。表 5 中给出了线性定价在完全和不完全传递以及 RPM 合约的临界转移率分析结果，在第 3~5 列中，分别给出了产品的零售价格上涨 1%、5% 以及 10% 时的临界转移率损失变化情况。首先，比较第 1 行与其他 4 行的结果发现，在不完全传递的线性定价合约下合资的高端产品集合可以形成相关市场，由于成本不完全传递，批发价格变化也会随着最终零售价格上涨程度发生变化。因此，不完全传递意味着当产品最终价格提高 10% 时，批发价格会产生高于 10% 的变化。原因是面对批发价格上涨时，零售商为了防止市场份额的损失会降低部分零售价格的传递程度。在线性定价下，当最终零售价格提高相同的幅度时，考虑不完全传递的模拟的制造商加价能力更高。然而，尽管制造商加价的提升导致 CL 值减小，在制造商加价和产品销量损失的共同作用下，AL 值也会变小。

　　为了讨论产品销量损失的影响，接下来考虑当线性定价合约是完全传递时的市场定义结果，比较完全传递下的线性定价合约结果发现，在完全传递时不能确定相关市场。因此，本文的结果表明，在线性定价下，成本传递率可以导致市场定义发生变化，较低的成本传递率会产生较小的市场定义，忽略成本传递的作用会导致市场定义结果发生偏差。在反事实模拟中，根据前面的估计结果可知，非线性定价合约下的成本传递率均高于线性定价合约。对比非线性定价合约可以发现，在非线性定价合约下不能确定相关市场。因此，可以得到结论，当成本传递率较高时，纵向合约对于市场定义的影响不大。在现有的研究中往往忽视了纵向合约的作用，并且假设成本传递率为 1。因此，在反垄断审查过程中应该仔细分析市场特征，不能忽略上下游之间的策略互动，从而得到更加准确的市场界定结果。

六、稳健性检验

为了检验实证结果的稳健性，本文考虑了根据供给侧模型估计的均衡结果，忽略最优模型的边际成本不变的假设，直接对不同纵向合约下成本传递率对市场定义结果的影响进行模拟。通过采用供给侧模型中估计的线性定价的纵向合约模型，本文在价格分别上涨 1%、5% 以及 10% 时重新计算了完全传递与非完全传递时线性定价合约的临界转移率损失与实际转移率损失。结果如表 6 所示。对比表 5 第 3 列与表 6 中的估计结果，结果表明，当采用忽略最优纵向合约边际成本不变的假设时，成本传递率对市场定义的结果没有显著的影响。因此，可以得出结论，较低的成本传递率可以导致较小的市场定义，本文的估计结果存在稳健性。

表 6　　　　　　　不同纵向合约下高端汽车市场的临界损失与实际损失

纵向合约	价格上涨幅度（%）	1	5	10
线性定价 （不完全传递）	临界损失 CL	0.0944	0.2527	0.3208
	实际损失 AL	0.0304	0.0985	0.1374
	临界损失与实际损失比较	CL > AL	CL > AL	CL > AL
线性定价 （完全传递）	临界损失 CL	0.1077	0.3746	0.5439
	实际损失 AL	0.1137	0.4057	0.3521
	临界损失与实际损失比较	AL > CL	AL > CL	CL > AL
非线性定价 Non – RPM （不完全传递）	临界损失 CL	0.2247	0.3585	0.3950
	实际损失 AL	0.2909	0.3833	0.1920
	临界损失与实际损失比较	AL > CL	AL > CL	CL > AL

续表

纵向合约	价格上涨幅度（%）	1	5	10
非线性定价 Non‑RPM （完全传递）	临界损失 CL	0.3393	0.6440	0.7846
	实际损失 AL	0.6865	2.4498	2.1265
	临界损失与实际损失比较	AL > CL	AL > CL	AL > CL

资料来源：利用 MATLAB 估计得出。

七、结　论

本文将纵向合约引入市场定义，讨论成本传递率对上游相关市场界定的影响。基于中国乘用车市场的微观数据，首先，本文构建了随机系数 logit 模型估计消费者需求函数，随后，分别构建了不同的纵向合约模型，并计算其边际成本以及产品加价，采用非嵌套检验选择最贴近汽车市场数据的纵向合约并估计边际成本大小，接下来，在保持边际成本不变条件下，根据需求和供给侧模型估计确定纵向合约的成本传递率，最后，利用临界转移率公式确定相关市场。本文的结果可以为解决相关市场界定问题提供有益的借鉴。

本文的实证分析可以得到如下结论。本文讨论了在不同纵向合约下成本传递率对相关市场界定的影响。实证结果表明，在线性定价下，零售商会对制造商的纵向控制做出相应的反应，导致较低的成本传递率，成本传递率越小会导致批发价格变化程度高于价格变化程度。因此，一旦忽略成本传递率的作用，可能低估制造商的产品加价，进而使相关市场界定范围较大；相比线性定价，非线性定价合约会产生更高的成本传递率，但较高的成本传递率对相关市场界定的影响不大，界定相关市场时可以忽略纵向合约。因此，分析上游市场定义时，忽略制造商与零售商之间的纵向关系可能会导致市场界定结果产生偏差。

从实践的角度来说，本文的研究有利于理解相关市场的垄断机理和影响，进而为反垄断提供理论基础和依据。以原料药市场为例，近年来，原料药市场的垄断问题一直是媒体关注的重点问题。国家发改委在 2017 年两家企业滥用异烟肼原理原料药市场支配地位、实施价格垄断案的论述中指出，在成本和下游企业需求量稳定的情况下，两家企业销售价格上涨超过正常幅度。当原料药企业提高产品批发价格时，下游制剂企业为了维持需求并不会完全将批发价格传递给消费者。面对高价格成品药问题时，一旦忽略这种原料药企业与下游制剂企业之间的不完全传递，可能会低估原料药企业的垄断加价，导致原料药市场中的垄断企业的市场定义范围过大，进而影响反垄断实践的结果。

本文的实证结果可以得到如下启示：首先，当市场特征为不完全传递时，反垄断部门应该关注上下游企业间的纵向合约，否则，相关市场界定可能会导致市场界定范围偏大的结果；其次，界定相关市场时需要充分考虑当前市场的纵向市场特征，对于成本传递率相对较高或成本完全传递的市场，在界定相关市场时可以忽略市场中的纵向关系。因此，本文的实证结果建议由于汽车市场中普遍存在转售价格维持，在进行相关市场界定时，可以适当忽略纵向合约的影响。此外，司法实践时应该考虑不同行业的纵向合约特点，对于大型零售市场和成品药市场等成本不完全传递特征较为明显的市场进行相关市场界定时，应该进一步分析上下游之间的纵向合约对上游企业市场界定的影响。

参 考 文 献

[1] 黄坤、陈剑、张昕竹：《反垄断审查中的相关市场界定方法研究》，载《当代财经》2013 年第 6 期。

[2] 李凯、赵伟光：《转售价格维持与竞争损害：以中国乘用车市场为例》，载《经济学动态》2018 年第 12 期。

[3] 肖俊极、谭诗羽：《中国乘用车行业的纵向一体化与横向共谋实证分析》，载《经济学（季刊）》2016 年第 4 期。

[4] 余东华、马路萌：《反垄断法执行中相关市场界定的临界损失分析——以雀巢 - 辉瑞案为例》，载《中国工业经济》2013 年第 7 期。

[5] 占佳：《反垄断分析中的相关市场界定：基于欧美国家的方法梳理及研究启示》，载《产业组织评论》2020 年第 1 期。

[6] Adachi, T. and Ebina, T., 2014: Double Marginalization and Cost Pass-through: Weyl - Fabinger and Cowan Meet Spengler and Bresnahan - Reiss, *Economics Letters*, Vol. 122, No. 2.

[7] Bonnet, C., Dubois, P., Villas - Boas, S. B., and Klapper, D., 2013: Empirical Evidence on the Role of Nonlinear Wholesale Pricing and Vertical Restraints on Cost Pass-through, *The Review of Economics and Statistics*, Vol. 95, No. 2.

[8] Bonnet, C. and Dubois, P., 2010: Inference on Vertical Contracts between Manufacturers and Retailers Allowing for Nonlinear Pricing and Resale Price Maintenance, *The RAND Journal of Economics*, Vol. 41, No. 1.

[9] Brenkers, R. and Verboven, F., 2007: Market Definition with Differentiated Products: Lessons from the Car Market, *Recent Developments in Antitrust: Theory and Evidence*, MIT Press.

[10] Bresnahan, T. F. and Reiss P. C., 1985: Dealer and Manufacturer Margins, *The RAND Journal of Economics*, Vol. 16, No. 2.

[11] Chevalier, J. A., Kashyap, A. K., and Rossi P. E., 2003: Why Don't Prices Rise During Periods of Peak Demand? Evidence from Scanner Data, *The American Economic Review*, Vol. 93, No. 1.

[12] Friberg, R. and Romahn, A., 2018: Pass - Through by Multi - Product Firms, *International Journal of the Economics of Business*, Vol. 25, No. 2.

［13］ Gaudin, G., 2016: Pass-through, Vertical Contracts, and Bargains, *Economics Letters*, Vol. 139.

［14］ Goldberg, P. K. and Verboven, K., 2001: The Evolution of Price Dispersion in the European Car Market, *The Review of Economic Studies*, Vol. 68, No. 4.

［15］ Harris, B. C. and Simons, J. J., 1989: Focusing Market Definition: How Much Substitution is Necessary, *Research in Law and Economics*, Vol. 12, No. 1.

［16］ Hastings, J. S., 2004: Vertical Relationships and Competition in Retail Gasoline Markets: Empirical Evidence from Contract Changes in Southern California, *The American Economic Review*, Vol. 94, No. 1.

［17］ Haucap, J., Heimeshoff, U., Klein, G. J., Rickert, D., and Wey, C., 2021: Vertical Relations, Pass-through, and Market Definition: Evidence from Grocery Retailing, *International Journal of Industrial Organization*, Vol. 74.

［18］ Hong, G. H. and Li, N., 2017: Market Structure and Cost Pass-through in Retail, *The Review of Economics and Statistics*, Vol. 99, No. 1.

［19］ Hu, W. M., Xiao, J. J., and Zhou, X. L., 2014: Collusion or Competition? Interfirm Relationships in the Chinese Auto Industry, *The Journal of Industrial Economics*, Vol. 62, No. 1.

［20］ Hüschelrath, K., 2009: Critical Loss Analysis in Market Definition and Merger Control, *European Competition Journal*, Vol. 5, No. 3.

［21］ Johnson, F. I., 1989: Market Definition under the Merger Guidelines: Critical Demand Elasticities, *Research in Law and Economics*, Vol. 12, No. 1.

［22］ Katz, M. and Shapiro, C., 2003: Critical Loss: Let's Tell the Whole Story, *Antitrust*, Vol. 17, No. 2.

［23］ Lafontaine, F. and Slade, M., 2008: Exclusive Contracts and Vertical Restraints: Empirical Evidence and Public Policy, *Handbook of Antitrust Economics*, Cambridge: MIT Press.

［24］ O'Brien, D. P. and Abraham W. L., 2003: A Critical Analysis of Critical Loss Analysis, *Antitrust Law Journal*, Vol. 71, No. 1.

［25］ Ordover, J. A. and Willig, R. D., 1983: The 1982 Department of Justice Merger Guidelines: An Economic Assessment, *California Law Review*, Vol. 71, No. 2.

［26］ Pitofsky, R., 1990: New Definitions of Relevant Market and the Assault on Antitrust, *Columbia Law Review*, Vol. 90, No. 7.

［27］ Rivers, D. and Vuong, Q., 2002: Model Selection Tests for Nonlinear Dynamic Models, *Econometrics Journal*, Vol. 5, No. 1.

［28］ Turner, D. F., 1982: Observations on the New Merger Guidelines and the 1968 Merger Guidelines, *Antitrust Law Journal*, Vol. 51, No. 2.

［29］ Villas－Boas, S. B., 2007: Vertical Relationships between Manufacturers and Retailers: Inference with Limited Data, *Review of Economic Studies*, Vol. 74, No. 2.

［30］ Werden, G. J., 1998: Demand Elasticities in Antitrust Analysis, *Antitrust Law Journal*, Vol. 66, No. 2.

[31] Weyl, E. G. and Fabinger, M. , 2013: Pass-through as an Economic Tool: Principles of Incidence under Imperfect Competition, *Journal of Political Economy*, Vol. 121, No. 3.

Vertical Contracts and Related Market Definition: Evidence from the Chinese Automobile Market

Kai Li　Yiming Meng

Abstract: How to define the relevant market is an important research issue in antitrust analysis. This paper considers the impact of cost pass-through on market definition from the perspective of vertical market structure. Based on the background of Chinese automobile market, using the new empirical industrial organization research method, this paper conducts an empirical study on how different vertical contracts affect the market definition through cost pass-through. The empirical results show that the linear pricing contract will produce a low cost pass-through rate, if incomplete cost pass-through is ignored, manufacturers' profit margins may be underestimated, which leads to a relatively large range of relevant market definition. Under nonlinear contracts, higher cost pass-through has no effect on the definition of upstream related market, and vertical market structure can be ignored when defining related market. The implication of this paper is that the role of vertical market structure should be taken into full consideration when defining relevant markets in markets with prominent features of incomplete cost pass-through.

Keywords: Vertical Contract　Cost Pass-through　Market Definition　Critical Transfer Rate Analysis　NEIO

JEL Classification: L40　L42　L44

第 21 卷第 1 辑　　　　　　　产业经济评论　　　　　　Vol. 21　No. 1
2022 年 3 月　　　　Review of Industrial Economics　　　March 2022

政府注意力配置与产业发展：
基于"兑现偏差"视角

田金方　刘慧康　薛　瑞[*]

摘　要： 为检验地方政府发展规划目标与其决策实施之间可能存在的"兑现偏差"现象，本文以数字经济这一经济高质量发展的新引擎为例，利用文本挖掘技术估算政府工作报告的有限关注，检验政府数字经济注意力与数字经济发展之间的经验关系，分析政府注意力在数字经济行业的资源配置效率。结果表明：尽管政府数字经济注意力整体呈现上升趋势，然而各个省份数字经济发展水平参差不齐，政府注意力的资源配置效率在数字经济行业存在"兑现偏差"现象；政府将数字经济的注意力更多配置于产业，然而"兑现"结果多聚焦于基础设施，政府的规划与实施之间存在投资结构扭曲效应；数字经济基础的政府注意力配置效率在我国地理区域呈现自内陆向沿海递增的区域异质性。

关键词： 数字经济　政府注意力　文本挖掘　配置效率

一、引　　言

数字经济已经成为中国经济发展新引擎。近年来，发展数字经济已成为促进产业升级和实现经济高质量发展的重要手段，日益受到政府部门的重视。自 2014 年"大数据"首次进入中央政府工作报告开始，中央政府高度重视数字经济的发展，2016 年连续推出《国家创新驱动发展战略纲要》和《"十三五"国家信息化规划》等政策促进数字经济，"十四五"规划中数字经济发展首次独立成篇，并在主要目标中首次提出：2025 年数字经济核心产

* 本文受国家社科基金一般项目"中国经济高质量发展的区际互补及多元补偿测度研究"（20BTJ030）、山东省高等学校"青创科技计划"项目（2019REW021）资助。感谢审稿人的修改意见！
田金方：山东财经大学统计学院；地址：山东省济南市历下区二环东路 7366 号，邮编：250014，E-mail：tianjinfang@126.com。
刘慧康：山东财经大学统计学院；地址：山东省济南市历下区二环东路 7366 号，邮编：250014，E-mail：lhk1998@126.com。
薛瑞：澳大利亚麦考瑞大学应用金融系；地址：澳大利亚新南威尔士州悉尼市北莱德区麦考瑞大学东路 4 号，邮编：2109，E-mail：rui.xue@mq.edu.au。

业增加值占 GDP 比重提升至 10%。作为中央政策落地的执行者和地方政策的制定者，地方政府结合自身实际情况在表明其注意力配置的重要文本——政府工作报告中体现其对发展数字经济的强烈关注。

政府注意力的有效性和回应性是为了寻求更好地实现国家治理的责任与绩效（Kettl，2005）。为此，基于组织有限关注理论，社会心理学和行为经济学从结构和行动两个维度研究政府注意力的资源配置效率。社会心理学更多关注结构因素影响下的注意力分配过程，他们认为政府决策者受制于结构因素的影响，并不能随心所欲优化注意力分配，并且结构因素具有路径依赖、自我强化与封闭惰性等特性；而行为经济学关注有限理性影响下的注意力偏差行为，政府作为公共事务管理的重要中枢，需要应对纷至沓来的各种事务，寻求回应现实的有效对策，从而出现了规划目标与决策实施之间不匹配的"兑现偏差"现象（王家峰，2015；Davenport and Beck，2000）。政府注意力在移动互联时代打破了"时空"限制，其决策所需的注意力资源稀缺性更为突显，引起学界和业界进一步拓展有限注意力偏差行为理论，研究政府注意力资源的有效配置问题。这些问题的讨论对于挖掘政府注意力配置效率的影响因素与机制，提高注意力资源配置效率；探寻加快数字化发展与打造数字经济新优势的现实路径，实现"十四五"数字中国规划目标具有重要意义。

二、文献回顾

"注意力"源自心理学，原意指的是"生物体内决定一个特定刺激的效用的过程或条件"（Berlyne，1974）。Simon（1947）由于决策信息来源的有限性以及其他主客观原因，事实上，政府注意力属于稀缺资源，而政府注意力的配置很大程度上决定后续资源与配套政策的倾斜程度（肖红军等，2021）。以政府工作报告为载体研究政府注意力，是当前度量政府注意力最常用的方法（刘景江、王文星，2014）。政府工作报告作为体现当年政府在经济社会等领域注意力配置的重要文件历来受到广泛关注，具有重要研究价值（Wang，2017）。Byrne et al.（2014）认为中国属于典型"强政府与弱社会"的政社关系，中国政府对其关注领域通常有着较强的掌控能力。现有关于政府注意力的研究成果涉及诸多领域。在人力资源领域，许治、张建超（2020）通过对中央政府工作报告的文本进行分析，研究中国科技人才政府注意力的转变过程。党晓虹、范钰（2020）利用 21 世纪以来中央政府工作报告涉及农业人口转型的措辞分析中央政府执政理念的转变并提出相关政策建议。在社会保障领域，赵建国、王瑞娟（2020）利用改革开放以来的政府工作报告，研究政府注意力与中国社会保障事业发展之间的关系。在生态保护领域，政府工作报告也是重点研究对象，Shi et al.（2019）利用省级数据

分析各省份在不同时间节点政府工作报告环保措辞的效用。申伟宁等
（2020）选择京津冀地区，基于三地政府工作报告，研究政府注意力与环保
绩效的异质性关系。对于部分领域出现政府注意力资源配置的"兑现竞争"
行为，熊晓炼、陈加才（2021）提出投资结构的扭曲是导致政府注意力效率
低下的主要因素。

综上所述，现有文献围绕不同行业研究了政府注意力的配置问题，然而
移动互联时代的"时空"耦合不仅拓展了政府注意力资源配置效率的研究视
域，而且促使政府关注于包括数字经济在内的诸多新兴行业。为此，本文选
取当下及未来政府关注度较强的数字经济行业，试图回答政府注意力的资源
配置效率是否存在"兑现偏差"现象，及其是否存在显著性的异质性特征。
对上述问题的合理诠释，既可以在学术上丰富行为经济学的有限注意力偏差
行为理论，也为推动地方政府的高质量发展提供有益的政策思考。

为此，本文首先选择数字经济行业，构建了中国 30 个省份数字经济
发展指数，其次，利用文本挖掘技术估算 2014～2019 年政府工作报告的
有限关注，检验政府数字经济注意力与数字经济发展之间的经验关系，分
析政府注意力在数字经济行业的资源配置效率及其异质性特征。本文的边
际贡献是：（1）基于"兑现偏差"的视角分析政府注意力的资源配置效率，
侧重于决策实施的结果检验，拓展现有文献多是决策效率的目标评价范式。
（2）数字经济新动能是当下各级各类政府构建"双循环"发展格局的关键
行业，对其进行研究是对政府注意力资源配置效率现有文献的有益补充。

三、研究设计

（一）研究机理

基于政府注意力有限关注理论，为实现施政目标，政府决策者需要审慎
进行决策行为。政府抽象的发展规划具象体现在相关政策文本中，如政府工
作报告。政府工作报告的相关措辞反映政府在制定发展规划过程中，需要先
后通过分配政府注意力资源扫描重点关注领域即决策领域的扫描机制；聚焦
政府注意力关注核心主题即决策主题的聚焦机制；形成具体可实施的政策手
段即决策议题的情景机制和合理配置政府注意力资源即决策资源的配套机
制，最终明确决策目标。

决策实施阶段，由于经济、社会和政治条件的复杂性，政策文本中展现
的政府发展目标规划在实际兑现过程中，受到政府与市场的共同影响。政府
积极的相关配套政策的落地将减少政府规划的兑现偏差现象，而政府投资结
构的扭曲效应将拖累政府规划在产业发展中的兑现效果。从市场角度观察，
以数字经济为例，当下移动互联时代的快速发展将促进数字经济规划的实

施，然而相对薄弱的经济基础会抑制政府规划的兑现效果。不同地区政府治理能力与当地市场经济发展水平的差别也会导致政府规划目标与实施效果之间的"兑现偏差"现象，最终出现配置效率异象。政府注意力配置影响数字经济发展的机理，如图 1 所示。

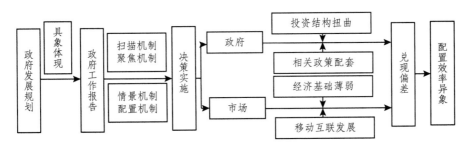

图 1　政府注意力配置影响数字经济发展的机理

（二）数字经济发展指数

数字经济是指以数据资源作为关键生产要素、以现代信息网络作为重要载体、以信息通信技术的有效使用作为效率提升和经济结构优化的重要推动力的一系列经济活动。近年来，发展数字经济已成为实现产业升级和经济高质量发展的重要手段（李晓华，2019；田金方、庄杉，2020）。自 2014 年"大数据"一词首次进入中央政府工作报告开始，数字经济的发展日益受到各地政府的高度关注。然而由于数字经济定义内涵的更新与外延的拓展，国内关于数字经济发展指数的测算角度与方法尚无统一定论。比较权威的有中国信息通信研究院发布的《中国数字经济发展白皮书》与赛迪顾问发布《中国数字经济发展指数（DED）》。中国信息通信研究院从数字经济基础条件、数字产业化、产业数字化和数字经济的影响四个维度建立起相对大而全的数字经济发展指数。赛迪顾问的报告从基础、产业、融合和环境四个维度评估全国 31 个省份的数字经济发展水平（徐清源等，2018）。上述指数均存在时间跨度较短、部分省份数据缺失的缺陷，不足以构成全样本的面板数据。由于缺乏可比的省级数字经济发展水平数据，本文参照陈小辉等（2020）构建数字经济发展指数的技术路线，依据国家统计局公布的《数字经济及其核心产业统计分类》，选取统计年鉴中涉及数字经济相关指标，在保证数据可得性的基础上，利用熵权法确定权数，具体指标及权重如表 1 所示，构建 2014～2019 年 30 个省份的数字经济发展指数。

表 1　　　　　　　　　　　　数字经济发展指数构建

指标选取		单位	权重
数字经济基础设施	域名数	万个	0.0710
	网页数	万个	0.1365
	IPV4 地址数	万个	0.0767
	互联网宽带接入用户	万户	0.0367
	互联网宽带接入端口	万个	0.0341
	移动互联网接入流量	万 G	0.0383
	移动互联网用户	万户	0.0332
数字产业化	软件业务收入	万元	0.1047
产业数字化	企业数	个	0.0482
	期末使用计算机数	台	0.0619
	每百人使用计算机数	台	0.0351
	企业拥有网站数	个	0.0582
	每百家企业拥有网站数	个	0.0090
电子商务数据	参与电子商务企业数	个	0.0609
	参与电子商务比重	%	0.0268
	电子商务销售额	亿元	0.0780
	电子商务采购额	亿元	0.0906

指标选取过程中结合中国信息通信研究院与赛迪顾问的指数构建思路，从数字经济基础设施、产业数字化、数字产业化和电子商务四个维度选取代表性较好、数据连贯的二级指标构建 30 个省份 2014～2019 年的数字经济发展指数。为检验指数的可靠性，利用中国信息通信研究院发布的《2020 年数字经济发展白皮书》公布的 2019 年 12 个省份的数字经济发展排名与本文构建的数字经济指数排名进行对比，结果表明，12 个省份中 8 个省份排名上下浮动不超过一位，根据 Kendall and Spearman 检验结果，相关系数分别为 0.758 和 0.902，两类指数具有显著的相关性。

（三）政府数字经济注意力

利用文本挖掘技术，获取政府工作报告中涉及数字经济表述的词频，代表数字经济政府注意力的配置情况。首先选择 2014～2019 年为样本区间，以中国 30 个省份（我国香港、澳门、台湾地区和西藏地区因数据缺失除外）的政府工作报告为研究对象。在准备数据过程中，本文发现历年的政府工作报告文本可以分为回顾篇章与展望篇章两个部分，回顾篇章主要总结回顾政府上一年工作成就与不足；展望篇章的主要内容是当年工作重点和相关规划。考虑到政府工作报告中回顾篇章与展望篇章的差异，展望篇章对于展现政府注意力的配置情况更具说服力，因此选择当年政府工作报告中展望篇章作为分词文本来源。在精读样本区间内 180 份政府工作报告的基础上，通过人工方法筛选涉及数字经济措辞语句，避免文中同字不同义现象。根据国家统计局公布的《数字经济及其核心产业统计分类》、中国互联网协会、工业和信息化部信息中心联合发布的 2019 年中国互联网企业 100 强榜单、2020 胡润中国 10 强消费电子企业与《中国数字经济发展白皮书》中数字化治理相关内容，结合专家建议与相关网络信息，提取数字经济关键词，构建关键词词库，并依据关键词内涵将其划分为数字经济基础、数字经济产业、数字化治理和品牌名四类。进而利用分词技术逐篇对政府工作报告中的数字经济语句进行分词，统计出相关词频代表政府注意力配置情况，表 2 展示部分关键词词频。

表 2　　　　　　　　　　　　部分关键词词频表

数字经济基础		数字经济产业		数字化治理		品牌名	
网络	234	互联网	347	智慧城市	76	北斗	17
信息	189	大数据	296	电子政务	28	阿里巴巴	7
宽带	92	电子商务	219	一网通	19	京东	6
信息技术	77	数字	205	一网	12	华为	5
通信	51	智能	158	掌上	7	浪潮	4
4G	49	电商	131	App	2	腾讯	3
光纤	47	网上	123			联通	3
5G	43	信息化	121			中国联通	3
信息基础设施	31	智能制造	115			网通	2
电子	31	云计算	102			微博	2
智能终端	25	物联网	99			中国电信	2
网	24	云	90			紫光	2
网络化	15	电子信息	89			百度	1
带宽	10	数据	85			苹果	1
网络安全	9	人工智能	78			OPPO	1
通信	8	智能化	71			VIVO	1
基站	8	数字化	68			联想	1
服务器	6	机器人	61			淘宝	1
信息经济	5	数据中心	53			微信	1
WLAN	1	软件	38			英特尔	1

四、资源配置效率的定性诠释

（一）数字经济发展指数分析

从时间角度观察，由图 2 数字经济发展指数位次变化图可见，2014 ～ 2019 年，各省份数字经济发展水平排名变化比较平缓，呈现明显三级划分，第 1 至第 9 位为数字经济领先省份、第 10 至第 20 位为数字经济追赶省份、第 21 位至第 30 位为数字经济落后省份。

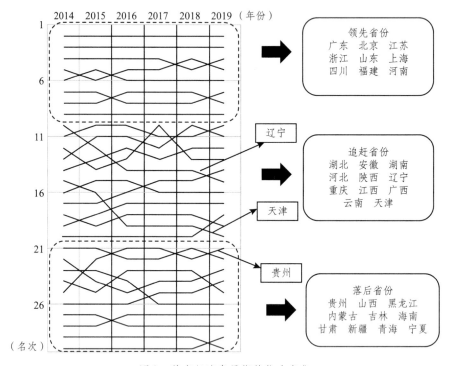

图 2　数字经济发展指数位次变化

其中天津、辽宁属于数字经济快速下滑省份，分别下滑 5 位；贵州属于快速上升省份，6 年间位次上升 4 位。天津与辽宁因产业结构落后等政经因素面临严重经济下行压力，经济转型困难，拖累数字经济发展。作为全国首个大数据综合试验区和首个发布省级层面数字经济发展专项规划的省份，贵州近年来以培育数字经济为工作重心，利用自然与能源优势，推动国内外数家大型互联网企业数据服务中心的落地，发展数字经济已经成为贵州加快产业转型，吸纳就业的重要手段。

从空间角度观察，综合各省份 2014 ～ 2019 年数字经济发展指数平均值，各省份数字经济发展水平参差不齐。表 3 结果显示，东部 10 个样本省份中，广东、北京等 7 个省份排名前列，河北、天津分列第 12 和第 17 位，仅海南一个东部省份排名后位。东部大部分省份经济相对发达，科技投入及教育基础更丰厚，互联网企业总量多、规模大，牢牢占据数字经济先发优势；河北与天津第二产业规模庞大，数字经济发展相对落后。海南以旅游产业为中心，在全国范围内属于数字经济发展落后省份。西部地区除四川外，均位于全国后 15 位。整体上呈现出沿海及中部地区较发达，边疆地区相对落后的特征。长江经济带与沿海地区在数字经济领域处于领跑地位，并以北京、长三角地区和珠三角地区为数字经济发展极点，东北、华北、西北和西南地区在数字经济领域仍然处于追赶地位。数字经济发展领先地区与经济发达地区呈现高度重合特征。

表 3　　　　　　　　　2014～2019 年各省份数字经济发展指数均值

地区	得分	排名	地区	得分	排名
广东	0.8232	1	重庆	0.1291	16
北京	0.6492	2	天津	0.1120	17
江苏	0.5349	3	江西	0.1111	18
浙江	0.4678	4	云南	0.1038	19
山东	0.4143	5	广西	0.0906	20
上海	0.3865	6	山西	0.0782	21
四川	0.2492	7	贵州	0.0779	22
福建	0.2474	8	黑龙江	0.0670	23
河南	0.2251	9	吉林	0.0635	24
湖北	0.1942	10	海南	0.0624	25
安徽	0.1896	11	内蒙古	0.0595	26
河北	0.1724	12	甘肃	0.0493	27
湖南	0.1690	13	新疆	0.0471	28
辽宁	0.1640	14	宁夏	0.0282	29
陕西	0.1324	15	青海	0.0252	30

（二）政府注意力配置分析

从总体趋势上来看，图 3 显示，六年间，政府工作报告中涉及数字经济的词频呈现快速波动上升趋势，6 年间增长 188%，其中，2016 年为各省份"十三五"规划开局之年，当年政府工作报告展望篇章字数高于平常年份，加之作为各省份未来经济的重点发展对象，数字经济的词频出现较高峰值，总体来看，符合数字经济政府注意力逐年上升的趋势。各省级政府愈加认识到数字经济的重要作用，对数字经济的重视程度逐渐加深。

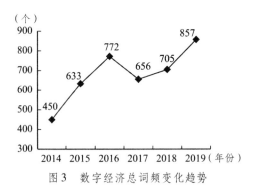

图 3　数字经济总词频变化趋势

随着数字经济深度和广度的拓展，各省政府工作报告关于数字经济措辞的侧重点也在不断演变。图 4 数字经济政府注意力侧重点变动表明，2014 年政府工作报告措辞中数字经济基础词频占当年涉及数字经济总词频的 34%，这一数字在后 5 年间逐年下降，2019 年占比仅为 20%；与之相对的涉及数字经济产业的词频占比逐年上升，从 2014 年的 58% 上升至 2019 年的 74%。各省政府的注意力从紧抓信通技术的普及与互联网配套基础设施的建设转移至推动数字经济与实体经济深度融合及挖掘数字产业发展潜力，从产业基础布局转移至深化产业转型，实现产业结构升级。

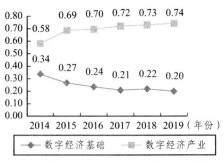

图 4　数字经济政府注意力侧重点变动

（三）政府注意力与数字经济发展描述分析

根据关键词的所属类别不同，依据前文提出的数字经济发展划分，不同省份中政府工作报告关于数字经济表述的侧重点比较接近但是也有所差异。图 5 显示，数字经济发展领先省份的政府工作报告中，涉及数字经济基础的词频占比为 20%，低于追赶与落后省份的 24% 和 26%；涉及数字经济产业的词频占比为 73%，高于追赶与落后省份的 71% 和 67%。领先省份在数字经济领域起步早、发展快，较早完成相关基础配套设施建设，进而开启基础产业升级步伐，抢先推进数字经济产业发展和产业融合。同时，追赶落后省份要遵循"要想富先修路"的理念，在政府工作报告中更加重视数字经济基础的建设。

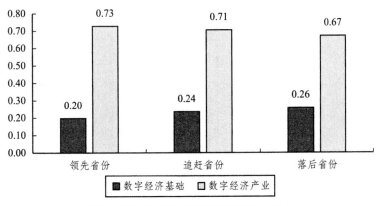

图 5　不同省份数字经济政府注意力对比

对比 2014 年与 2019 年各省政府数字经济注意力的差别变动，多数省份政府工作报告中涉及数字经济的词频普遍上升。同时，省份之间的数字经济政府注意力也出现了比较明显的地域差异，西南省份成为最重视数字经济发展的地区，南北差异与东西差异并存。然而，在叠加各省数字经济发展指数后，与 2014 年类似，2019 年数字经济发达省份依旧集中在沿海地区，广东、北京、江苏、浙江、山东和上海始终占据数字经济发达省份前六位。东西部省份数字经济发展差异非常显著。相比其他政府占据主导地位的领域，市场在数字经济领域作用更加明显，在此领域，政府注意力的资源配置的效率相对较低。沿海省份改革开放相对较早，市场及配套政策更加完善（Wang and Jiang，2020），经济实力相比内陆省份更加强劲，数字经济相关的人才与技术资源储备更加雄厚，利用先发优势形成强大势能，牢牢占据数字经济头部位置。

五、数字经济政府注意力资源配置效率分析

（一）模型设定

在计量模型的设定上，本文参照 Shi et al.（2019）关于政府环境注意力与环保投资关系的检验模型构建的计量模型如下：

$$\text{lnscore}_{it} = \alpha_{it} + \beta \text{word\_num}_{it} + \varphi X_{it} + \varepsilon_{it}$$

模型中的 i 代表地区、t 代表样本区间的年份；因变量 score 为各省份数字经济发展指数；word_num 代表各省政府注意力的总量指标；X 为控制变量，用来代表其他影响数字经济发展指数的因素；α 和 ε 分别为截距项和随机误差项。

（二）变量选取

数字经济发展指数（score）。利用熵值法从数字经济基础设施、数字产业化、产业数字化和电子商务数据四个维度构建全国 30 个样本省份的数字经济发展指数。该指数为正向指数，数字经济发展指数越大，表明各省数字经济发展水平高。

数字经济政府注意力（word_num）。统计样本区间内各省政府工作报告的数字经济关键词词频作为核心解释变量。为考察数字经济不同细分领域的政府注意力对数字经济发展的异质性影响，本文对核心解释变量的类别进行划分，划分标准见上文。

其他控制变量。由于数字经济与经济社会的高度融合发展，城镇就业人口（labor）、外贸依存度（open）、第三产业增速（tig）、居民人均交通和通信消费支出（pcc）和规模以上工业企业 RD 项目数（rdk）对于经济的增长均具有正向作用，因此数字经济发展指数也与这些控制变量同向变动；第二产业增速（sig），第二产业高速发展地区数字经济的增速相对较低，数字经济发展指数与第二产业呈现反向变动趋势。本文收集了 2014～2019 年全国 30 个省份①的面板数据，所有数据均来自国家统计局统计年鉴，其中外贸依存度为进出口总额与 GDP②的比值。变量描述性统计如表 4 所示。

表 4　　　　　　　　　　　变量描述性统计

变量名	备注	样本量	均值	标准差	最小值	最大值
lnscore	数字经济发展指数对数	180	-1.983	0.895	-4.097	-0.153
word_num	数字经济关键词频数	180	22.756	14.103	1.000	85.000
lnlabor	城镇就业人口对数	180	6.123	0.779	4.139	7.633
open	外贸依存度	180	0.248	0.250	0.013	1.103
tig	第三产业增速	180	108.698	1.642	102.500	112.300
lnpcc	居民人均交通和通信消费支出	180	7.730	0.352	6.977	8.586

① 我国香港、澳门、台湾、西藏地区数据有缺失。
② 2018 年之前 GDP 数据的依据为第四次经济普查核减后的数据。

续表

变量名	备注	样本量	均值	标准差	最小值	最大值
lnrdk	规模以上工业企业 RD 项目数对数	180	8.739	1.354	5.011	11.574
sig	第二产业增速	180	106.503	2.924	92.300	112.700

（三）模型估计结果

本文采用个体固定效应面板回归模型，选择关键词词频总量指标（word_num）作为核心解释变量用来代表数字经济政府注意力的配置，分别从总体、数字经济基础和数字经济产业三个角度建立模型。模型估计结果表明，总体上数字经济政府注意力的配置对当地数字经济发展没有呈现出显著的促进作用，类似的结果也出现在数字经济基础和数字经济产业的模型估计结果中。因此，在数字经济领域，政府注意力的资源配置效率相对较低，存在"兑现偏差"现象。

其他控制变量中，城镇就业人口、外贸依存度、第三产业增速及居民人均交通和通信消费支出的系数为正且至少通过 10% 显著性检验。就业人口的增加，外贸和第三产业的增长以及居民人均交通和通信消费支出的增长对于数字经济的增长具有一定的积极作用。主检验估计结果如表 5 所示。

表 5　　　　　　　　　　　　主检验估计结果

变量	总检验	数字经济基础	数字经济产业
	lnscore	lnscore	lnscore
word_num	0.001 (1.236)	0.002 (0.732)	0.001 (0.903)
lnlabor	0.548 *** (3.426)	0.535 *** (3.309)	0.539 *** (3.356)
open	0.420 ** (2.393)	0.401 ** (2.286)	0.419 ** (2.378)
tig	0.030 *** (4.631)	0.031 *** (4.802)	0.031 *** (4.671)
lnpcc	0.125 * (1.954)	0.135 ** (2.140)	0.125 * (1.926)
lnrdk	0.037 (1.070)	0.043 (1.232)	0.041 (1.170)

续表

变量	总检验	数字经济基础	数字经济产业
	lnscore	lnscore	lnscore
sig	−0.005 (−1.285)	−0.005 (−1.314)	−0.005 (−1.240)
cons	−9.514*** (−6.611)	−9.630*** (−6.654)	−9.545*** (−6.561)
F	6.63	6.45	6.50
R^2	0.245	0.240	0.241

注：***、**、* 分别表示通过 1%、5%、10% 的显著性水平检验，括号内是对应的 t 值。

（四）异质性检验

为检验数字经济政府注意力的配置对于不同地区数字经济发展的异质性影响，根据各省份是否处于沿海地区划分样本，进行异质性检验。总量指标异质性估计结果进一步表明，在数字经济领域，内陆省份的数字经济政府注意力的作用并不显著；沿海省份的总检验与数字经济产业政府注意力检验也存在类似结果，唯有沿海省份数字经济基础政府注意力的配置对当地数字经济发展存在显著的正向作用。值得注意的是，与主检验结果一致，无论是沿海还是内陆省份，政府注意力在数字经济产业均没有体现较强的促进作用。

沿海省份政府在分配注意力时更加关注数字经济产业，但是在"兑现"结果却多聚焦于数字经济基础设施领域，通过数字经济基础设施的完善与升级促进数字经济水平的发展。在数字经济领域，政府的规划与实施之间存在着投资结构扭曲效应。沿海省份改革开放起步较早，经济发展水平更高，面对新兴经济，反应更加迅速，财政支持与政策配套迅速到位，率先完成数字经济基础设施的建设与升级。以 5G 基础设施建设为例，根据赛迪工业和信息化研究院（2020）公布的《中国 5G 区域发展指数白皮书》中的 5G 基础设施建设指数，广东、浙江、北京、江苏、重庆、天津和上海的 5G 基础设施建设处于第一梯队，其中除北京、重庆外均属于沿海省份；另外根据中国通信学会发布的《2020 年 5G 通信发展白皮书》显示，深圳、北京、广州、东莞和上海占据 5G 人群地域覆盖率的前五名，同样除北京外均地处沿海地区。沿海省份凭借完善的数字经济基础设施，快速占据数字经济发展的领先地位，相比之下，内陆省份的数字经济基础的相对薄弱抑制了内陆省份数字经济政府注意力的资源配置效率。总量指标异质性检验结果如表 6 所示。

表 6　　　　　　　　　　　　总量指标异质性检验结果

变量	沿海地区			内陆地区		
	总检验	数字经济基础	数字经济产业	总检验	数字经济基础	数字经济产业
	lnscore	lnscore	lnscore	lnscore	lnscore	lnscore
word_num	0.001 (1.075)	0.008** (2.125)	0.001 (0.310)	0.001 (1.495)	0.002 (0.516)	0.001 (1.240)
控制变量	Yes	Yes	Yes	Yes	Yes	Yes
cons	−10.192*** (−4.760)	−10.119*** (−4.885)	−10.136*** (−4.678)	−7.628*** (−3.896)	−8.131*** (−4.101)	−7.661*** (−3.853)
F	7.88	8.89	7.56	3.28	2.93	3.15
R^2	0.535	0.565	0.525	0.207	0.189	0.201

注：***、** 分别表示通过 1%、5% 的显著性水平检验，括号内是对应的 t 值。

（五）稳健性检验

为验证模型稳定性，本文从变换自变量角度进行稳健性检验。将关键词词频占比[①]对数（lnword_p + 1）替换为核心解释变量，进行模型结果估计，为避免缺失值，变量关键词词频占比对数（lnword_p + 1）为关键词词频占比加一后取对数。检验结果表明模型相对稳定，各变量系数方向与大小并没有明显改变。相对指标模型估计结果如表 7 所示。

表 7　　　　　　　　　　　相对指标模型估计结果

变量	总检验	数字经济基础	数字经济产业
	lnscore	lnscore	lnscore
lnword_p + 1	0.965 (1.112)	1.437 (0.523)	0.899 (0.766)
控制变量	Yes	Yes	Yes
cons	−9.598*** (−6.698)	−9.717*** (−6.752)	−9.627*** (−6.659)
F	6.58	6.40	6.46
F^2	0.244	0.239	0.240

注：*** 表示通过 1% 的显著性水平检验，括号内是对应的 t 值。

利用数字经济政府注意力相对指标建立模型，从相对指标角度检验数字

---

① 关键词词频占当年政府工作报告展望篇章总词频的比重。

经济不同细分领域政府注意力的区域异质性差异。与总量指标类似，估计结果显示沿海省份的数字经济基础政府注意力能够显著地拉动当地数字经济发展，而沿海地区省份的总检验与数字经济产业的政府注意力，内陆地区省份的数字经济政府注意力配置均没有呈现统计意义上的显著作用。总之，利用相对指标替换核心解释变量后，得到的模型估计结果与原模型估计结果相对稳定，因此主检验模型与异质性检验模型均存在一定稳健性。相对指标异质性检验结果如表 8 所示。

表 8　　　　　　　　　　　　相对指标异质性检验结果

变量	沿海地区			内陆地区		
	总检验	数字经济基础	数字经济产业	总检验	数字经济基础	数字经济产业
	lnscore	lnscore	lnscore	lnscore	lnscore	lnscore
lnword_p + 1	1.137 (0.782)	6.658* (1.695)	4.043 (0.155)	1.581 (1.488)	1.594 (0.445)	1.461 (1.077)
控制变量	Yes	Yes	Yes	Yes	Yes	Yes
cons	-10.058*** (-4.662)	-9.916*** (-4.700)	-10.141*** (-4.669)	-7.810*** (-4.048)	-8.235*** (-4.225)	-7.926*** (-4.063)
F	7.72	8.40	7.54	3.27	2.92	3.09
R^2	0.530	0.551	0.524	0.207	0.188	0.197

注： ***、* 分别表示通过 1%、10% 的显著性水平检验，括号内是对应的 t 值。

由于主检验的核心解释变量不存在显著性，为进一步表明模型估计结果的稳定性，对核心解释变量进行变换。分别将剔除关键词中数字化治理与品牌名后的词频（word_num₁）、关键词词频对数（lnword_num）和滞后一期关键词词频（word_num₁₋₁）作为解释变量引入模型，重新进行模型估计，解释变量的系数和方向没有发生较大改变。本文的模型估计结果具有一定稳健性。其他稳健性检验如表 9 所示。

表 9　　　　　　　　　　　　其他稳健性检验

变量	关键词剔除 2 类	词频取对数	滞后一期
	lnscore	lnscore	lnscore
word_num₁	0.001 (1.134)		
lnword_num		0.004 (0.261)	

续表

变量	关键词剔除 2 类	词频取对数	滞后一期
	lnscore	lnscore	lnscore
word_num$_{t-1}$			0.000 (0.074)
控 制 变 量	Yes	Yes	Yes
cons	−9.550 *** (−6.637)	−9.782 *** (−6.812)	−9.807 *** (−6.696)
F	2.95	6.36	6.35
R^2	0.190	0.238	0.237

注：*** 表示通过 1% 的显著性水平检验，括号内是对应的 t 值。

六、结论与启示

本文从数字经济发展指数的构建入手，以 2014～2019 年中国 30 个省份政府工作报告的展望篇章为样本，利用文本挖掘技术估算数字经济政府注意力，进一步检验数字经济政府注意力的资源配置效率。结论表明：①2014～2019 年，中国数字经济的规模迅速扩大，地区差异和"强者恒强"现象比较明显；②地方政府关于数字经济的政府注意力呈现普遍上升趋势，政府注意力的资源配置存在"兑现偏差"现象。政府将数字经济的注意力更多配置于产业，然而"兑现"结果多聚焦于基础设施，政府的规划与实施之间存在投资结构扭曲效应。③数字经济基础的政府注意力配置效率在我国地理区域呈现自内陆向沿海递增的区域异质性。

基于上述结果，本文得到以下启示：①数字经济已经成为中国经济发展新引擎，把握数字经济发展机遇是实现产业转型与升级、维持经济中高速增长、完成"十四五"规划目标的必要条件，各省政府应保持推动数字经济发展的积极态势。②随着改革的不断深化、市场活力的快速提高，部分领域"政社关系"发生逆转，为引导产业健康快速发展、实现经济社会目标，除政策性文件外，政府需要采取更多针对性行动，破除政府规划与实施之间的投资结构扭曲效应。③政府需打破固有思维，与时俱进、主动求变，建设有限政府以适应市场经济发展，面对新兴经济热点，明确服务型政府定位，做好相关基础设施完善与升级的提前布局，占据头部起跑位置。

参 考 文 献

[1] 陈小辉、张红伟、吴永超：《数字经济如何影响产业结构水平？》，载《证券市场导报》2020 年第 7 期。

［2］ 党晓虹、范钰：《中央政府对农业转移人口市民化的注意力研究——基于国务院政府工作报告（2000—2018）的内容分析》，载《青岛农业大学学报（社会科学版）》2020 年第 1 期。

［3］ 李晓华：《数字经济新特征与数字经济新动能的形成机制》，载《改革》2019 年第 11 期。

［4］ 刘景江、王文星：《管理者注意力研究：一个最新综述》，载《浙江大学学报（人文社会科学版）》2014 年第 2 期。

［5］ 申伟宁、柴泽阳、张韩模：《异质性生态环境注意力与环境治理绩效——基于京津冀〈政府工作报告〉视角》，载《软科学》2020 年第 9 期。

［6］ 田金方、庄杉：《数字经济的研究主题、前沿趋势及展望——基于 CiteSpace 软件的文献计量分析》，载《制度经济学研究》2020 年第 3 期。

［7］ 王家峰：《国家治理的有效性与回应性：一个组织现实主义的视角》，载《管理世界》2015 年第 2 期。

［8］ 肖红军、阳镇、姜倍宁：《企业社会责任治理的政府注意力演化——基于 1978—2019 中央政府工作报告的文本分析》，载《当代经济科学》2021 年第 2 期。

［9］ 熊晓炼、陈加才：《地方经济增长目标与金融资源配置效率——来自省级政府工作报告的经验证据》，载《海南大学学报（人文社会科学版）》2021 年第 4 期。

［10］ 徐清源、单志广、马潮江：《国内外数字经济测度指标体系研究综述》，载《调研世界》2018 年第 11 期。

［11］ 许治、张建超：《新中国成立以来政府对科技人才注意力研究——基于国务院政府工作报告（1954—2019）文本分析》，载《科学学与科学技术管理》2020 年第 2 期。

［12］ 赵建国、王瑞娟：《政府注意力分配与中国社会保障事业发展——基于 1978—2019 年国务院政府工作报告内容的分析》，载《财经问题研究》2020 年第 11 期。

［13］ Berlyne, D. E., 1974: Attention-historical and Philosophical Roots of Perception, *Historical & Philosophical Roots of Perception*, Vol. 13, No. 3.

［14］ Byrne, C., Kerr, P., and Foster, E., 2014: What Kind of 'Big Government' is the Big Society? A Reply to Bulley and Sokhi – Bulley, *The British Journal of Politics and International Relations*, Vol. 16, No. 3.

［15］ Davenport, T. H. and Beck, J. C., 2000: Getting the Attention You Need, *Harvard business review*, Vol. 78, No. 5.

［16］ Kettl, D. F., 2005: *The Global Public Management Revolution*, Brookings Institution Press.

［17］ Shi, C. C., Shi, Q., and Guo, F., 2019: Environmental Slogans and Action: The Rhetoric of Local Government Work Reports in China, *Journal of Cleaner Production*, Vol. 238, No. 117886.

［18］ Simon, H. A., 1947: *Administrative Behavior: A Study of Decision – Making Processes in Administrative Organizations*, New York: Free Press.

［19］ Wang, L. and Jiang, J., 2020: An Empirical Study on the Impact of Coastal Areas on China's Financial Stability, *Journal of Coastal Research*, Vol. 107, No. 7.

［20］ Wang, Z., 2017: Government Work Reports: Securing State Legitimacy through Institutionalization, *The China Quarterly*, Vol. 229, No. 10.

Government Attention Allocation and Industrial Development: Based on the Perspective of "Fulfillment Deviation"

Jinfang Tian　Huikang Liu　Rui Xue

Abstract: In order to test the possible "Fulfillment Deviation" between the development planning goals of local governments and implementation of their decisions, this paper takes the digital economy, a new engine for high-quality economic development, as an example; uses text mining technology to estimate the limited attention of government work reports; tests the empirical relationship between government attention to the digital economy and the development of the digital economy; and analyzes the resource allocation efficiency of government attention in the digital economy industry. The results show that: 1. Although the government attention to the digital economy is showing an upward trend as a whole, the level of development of the digital economy in various provinces is uneven, and the resource allocation efficiency of government attention in digital economy industry displays the "Fulfillment Deviation". 2. Attention is more focused on the industry, but the results of "Fulfillment" are mostly focused on infrastructure, and there exists the distortion effect of investment structure between government planning and implementation. 3. The efficiency of government attention allocation in digital economical infrastructure presents increasing regional heterogeneity from inland to coastal regions in China.

Keywords: Digital Economy　Government Attention　Text Mining　Allocative Efficiency

JEL Classification: O25　D78　C23

第 21 卷第 1 辑　　　　　　　　产业经济评论　　　　　　　　Vol. 21　No. 1
2022 年 3 月　　　　　　　Review of Industrial Economics　　　　　March 2022

互联网平台相关市场界定的实证分析：以奇虎 360 诉腾讯案为例

占　佳[*]

摘　要： 加强平台经济领域的反垄断执法已成为全球的共同趋势。然而作为反垄断经济分析关键步骤和逻辑起点的相关市场界定在平台经济中却面临巨大挑战，并已成为反垄断法在该领域有效实施的主要障碍。为此，本文利用能够衡量双边市场乘数效应的需求替代弹性指标和第三方数据，综合运用临界损失分析、临界转移率分析等 SSNIP 相关执行方法对奇虎 360 诉腾讯案进行相关市场界定的分析，证明即时通信产品市场即为本案的相关产品市场，从而为相关判决提供了（事后的）实证分析结论和关键性的经济证据。同时，文章也进一步证实了 SSNIP 分析具有普适性，仍能适用于互联网平台等新经济形态中。

关键词： 相关市场界定　平台经济　反垄断　双边市场

一、引　　言

2020 年，世界三大反垄断执法机构同时加强了对平台经济领域的反垄断执法。美国联邦贸易委员会和司法部相继对境内多家互联网平台提起反垄断诉讼；一直对该领域执法较严格的欧盟委员会出台了两份专门的法案以重构反垄断执法框架。中国也连续打出组合拳，直击互联网平台的垄断行为[①]；2021 年 2 月 7 日，国务院反垄断委员会正式印发并实施了《关于平台经济领域的反垄断指南》。这标志着全球在平台经济领域的反垄断执法进入了新

---

[*]　本文受国家自然科学基金项目"数字经济时代超级网络平台的相关市场界定研究：理论与实证"（71863012）、国家社会科学基金重大项目"数据要素参与收入分配的机制与策略研究"（20ZDA047）、江西省教育厅科技项目"江西省数字经济规模测算及发展策略研究"（GJJ190260）资助。

感谢匿名审稿人的专业意见！

占佳：江西财经大学协同创新中心；地址：江西省南昌市双港东大街 169 号，邮编 330013；E-mail：jxufezhanjia@163.com。

[①]　2020 年末，中央经济工作会议提出的 2021 年八项重点任务中提到要"强化反垄断和防止资本无序扩张"；市场监管总局集中审理了几起互联网平台领域的反垄断案件；此前，多家监管部门联合召开规范线上经济秩序行政指导会，并相继出台了《经营者集中审查暂行规定》《规范促销行为暂行规定》《关于加强网络直播营销活动监管的指导意见》等行政法规。

阶段。

　　然而，在平台经济反垄断情势下，平台特殊的经济技术特征和跨界滥用市场支配地位、数据优势等新的垄断行为特征（曲创、王夕琛，2021），导致该领域的反垄断执法面临原有经济理论分析失范与现行法律实践失准的双重挑战（陈富良、郭建斌，2020）。其中，作为反垄断经济分析关键步骤和逻辑起点的相关市场界定更是面临巨大挑战。互联网平台的技术经济特征，特别是在平台中通行的基于双边市场的免费商业模式致使传统基于单边市场逻辑和价格理论的相关市场界定分析工具无法直接适用；但遗憾的是目前各界尚未就此形成具有权威性和可操作性的分析思路与方法。这也是迄今为止世界各国在处理相关案件时，各方对相关市场界定的实证分析问题选择回避，也未能就此提出关键性经济证据的症结所在（黄坤、张昕竹，2013）。这一问题已经成为反垄断法在该领域有效实施的主要障碍（Stigler，2019）。

　　囿于互联网平台的双边市场特征和免费商业模式带来的困扰，有学者认为传统相关市场界定方法（特别是 SSNIP 分析）已不再适用，并积极寻求新的界定方法或绕过相关市场界定而直接测定市场势力（曲创、刘重阳，2016）。但也有学者始终强调，SSNIP 分析在思想上近乎完美且具有普适性，人们要改变的不是方法本身，而应积极寻求 SSNIP 分析所需指标的测量方法（黄坤等，2013；张昕竹等，2016；占佳，2020）。为探索 SSNIP 分析在互联网平台相关市场界定的适用性问题，本文在张昕竹等（2016）的分析思路和相关研究结论的基础上进行延伸，综合运用临界损失分析、临界转移率分析等多种 SSNIP 相关执行方法对真实反垄断案件进行相关产品市场界定分析。

　　本文的贡献在于：（1）国内外鲜有学者能接触到真实案件的数据从而导致反垄断经济领域的实证研究较少，致使许多学者和反垄断执法人员对 SSNIP 分析的具体执行过程仍很陌生，本文采用第三方数据并结合 SSNIP 分析方法对真实的案件进行完整的相关产品市场界定分析，为 SSNIP 分析方法的具体运用提供一个完整、详细的示例；（2）本文证明 SSNIP 分析仍然适用于互联网平台等新经济形态，并为互联网平台相关产品市场界定的实证分析提供了一个分析思路；（3）从政策研究层面来看，本文的相关研究结论为奇虎 360 诉腾讯案的判决提供了（事后的）实证分析结论和关键经济证据支撑。

　　本文余下内容安排如下：第二节简要回顾有关相关市场界定分析方法的研究；第三节运用临界损失分析法界定相关产品市场；第四节运用临界转移率分析法界定相关产品市场；第五节为本文的主要结论。

二、文献综述

　　相关市场是评估市场势力的首要步骤，它是指能相互施加一定竞争约束的产品（地域）集合（Motta，2004）。除少量适用"当然违法"原则的案件外，相关市场界定在绝大多数反垄断案件分析中具有举足轻重的作用（Blair and Kaserman，2009）。因此，一直以来人们都在积极探索相关市场界定的理论与方法。在反垄断执法早期，相关市场界定理论研究滞后于其司法实践，美国高等法院在缺乏具体理论指导的情况下，提出了一系列相关市场界定方法。这些方法赋予了他们较大的自由裁量权，从而确保他们在案件审理中占据优势（黄坤等，2013）。相关市场界定方法在很长一段时间内未能实现系统化，直到美国《兼并指南》（1982）中提出具有里程碑意义的相关市场界定分析范式——假定垄断者测试（hypothetical monopolist test，HMT）[①]，相关市场界定分析范式才逐步得以统一。当运用价格指标来实施 HMT 时，可将其描述为检验假定垄断者在备选市场中实施小而显著的非暂时性涨价（small but significant and non-transitory increase in prices，SSNIP）是否仍能有利可图[②]的最小产品（地域）范围。由于价格是竞争的常用手段，相对而言也最易度量，因此 SSNIP 分析成为 HMT 最常见的一种运用。尽管存在"玻璃纸谬误"（cellophane fallacy）（Turner，1982；Ordover and Willing，1983；Pitofsky，1990）等问题，但是瑕不掩瑜，总体而言 SSNIP 分析仍是当前最好的相关市场界定分析范式（Scheffman et al.，2003）。经过数十年的发展，人们不断将新的理论方法融入 SSNIP 分析框架，其具体执行方法得以不断完善，最终形成了一套较为成熟的 SSNIP 执行方法体系。

随着平台经济的兴起，互联网平台双边市场特性、网络效应、破坏性创新及其动态竞争等与竞争密切相关的特征，使得平台竞争及其竞争分析变得非常复杂（孙晋，2021）。特别是平台中通行的基于双边市场的免费商业模式，使得传统基于单边市场和价格理论的相关市场界定分析工具（如 SSNIP 等）无法直接适用。于是，关于是否有必要界定相关市场的争议再次掀起。尽管从理论上来讲，反垄断经济分析主要有三种范式，即"相关市场—市场支配力—竞争效应"范式、"市场支配力—竞争效应"范式和"行为—竞争效应"范式（黄坤，2014）。但是，后两种分析范式中所采用的数据范围实际上已经暗含了相关市场的概念，因此仍然没有跳出相关市场的窠臼。而且，界定相关市场除了作为市场支配力分析的重要依据外，还能帮助有关方面厘清案件的竞争范围，并有助于区分企业的主动竞争行为与其他外部环境；而这些工作对于反垄断分析是至关重要的，即便有其他方法可以衡量市

---

① 该分析范式在美国《兼并指南》（1984，1992，1997）中得以修订并逐步完善。

② 实际上"有利可图"可以有两种理解，一种是"增加利润"，另一种是"实现利润最大化"。依据美国《兼并指南》（1982），假定垄断者测试考察的是假定垄断者在实施 SSNIP 后能否增加利润，而《兼并指南》（1984）中则提出运用假定垄断者测试考察假定垄断者实施 SSNIP 后能否实现利润最大化。在下文执行 SSNIP 分析时会做具体区分，此处为了表述方便，统称为"有利可图"。

场势力，界定相关市场的工作仍不可或缺（Werden，2012；陈永伟，2020）。因此，完全跳过相关市场界定来认定市场支配地位的思路并不可取；而且从域外执法实践来看，在反垄断立法和执法最为发达的美国，也没有在未界定相关市场的情况下直接认定垄断地位的先例（王先林、曹汇，2021）。从我国制定《关于平台经济领域的反垄断指南》中与相关市场界定有关的条款的修改过程也可以看出，各界仍然支持相关市场界定的重要地位。

事实上，SSNIP 等传统相关市场界定方法无法直接适用于双边市场情境下的根本原因在于，SSNIP 相关执行方法中各分析指标的计算公式是从单边市场商业逻辑中推导出来的，无法有效衡量双边市场两端客户需求之间的乘数效应（Evans and Schmalensee，2007，2013；Evans and Noel，2005）。倘若将其直接适用于双边市场情景中，则很可能会界定出错误的相关市场。但是，双边市场并未颠覆传统相关市场界定方法的基本逻辑，只要能修正分析工具中的相关指标，使其能衡量平台两端客户间的交叉网络外部性即可（Emch and Thompson，2006；Filistrucchi et al.，2014；曲创、刘重阳，2016；张昕竹等，2016；占佳，2020）。为此，Emch and Thompson（2006）提出将平台向两端客户收取的价格总和作为 SSNIP 分析的基准价格，并允许平台的价格结构根据市场反应做出相应调整的设想；但遗憾的是，他们并未给出具体的操作方法。Evans and Noel（2008）推导出了试图衡量平台所有乘数效应的临界损失计算公式。但由于他们在操作中要求仅对涉案一端价格实施 SSNIP 而固定平台另一端的价格，导致被固定一端市场无法根据价格变化做出相应调整，从而会倾向于界定过宽的市场（Filistrucchi et al.，2014）。Filistrucchi et al.（2014）将双边市场倾斜定价结构和交叉网络外部性等核心特征作为重要考量因素，推导出了适用于媒体类双边市场的临界损失计算公式，但因计算过程太过复杂且对数据要求较高导致可操作性受限。

而平台中通行的免费商业模式则是双边市场倾斜定价中的一种情形，它给 SSNIP 分析带来的最大挑战在于，零价格乘以任一价格上涨幅度，价格仍为零（Evans，2011）；直接使用 SSNIP 分析会带来逻辑错误。为解决"零"价格带来的困扰，有学者提出运用隐性价格来执行 SSNIP 的设想（黄坤、张昕竹，2013）；还有一些学者根据假定垄断者测试的思想，尝试用质量、成本等维度代替价格进行测试，如，Gal and Rubinfeld（2016）提出了"小而显著的非暂时性质量下降"（Small but Significant and Non-transitory Decrease in Quality，SSNDQ），Newman（2015）提出了"小而显著的非暂时性成本上升"（Small but Significant and Non-transitory Increase in Cost，SSNIC）。但遗憾的是，由于这些指标难以量化致使数据可得性较差，再加上他们未能给出具体的测算方法，因而未能推广。此外，孟昌、李词婷（2019）运用广告时长作为质量下降的代理变量执行 SSNDQ 以对免费视频平台进行相关市场界定；这是将 SSNDQ 予以落地的一个有益尝试，但是该文暗含的一个前提是广告费用是平台货币化免费端用户的所有"报酬"，但事实上用户的数据信息及其价值也是平台收益的重要来源，该文未能将这一点纳入分析框架，由此界定出的相关市场值得商榷。

寻求既能衡量"免费"产品的价格，又能有效衡量平台两端用户需求之间乘数效应的指标是解决平台相关市场界定分析的重要突破口。在反垄断经济研究中，Lerner 指数是替代性分析和市场势力评估的重要工具。而且，Lerner 指数的思想依然适用于平台经济领域，只是其具体的测算指标应予以调整（曲创、刘重阳，2016）。因此，张昕竹等（2016）以此为突破口，通过简单的数理变化，$-\frac{1}{\varepsilon} = \frac{p-c}{p} = \frac{\pi}{R}$，将其计算公式转化为利润和收益之比，从而避免直接使用价格信息，并且平台两端需求之间的依赖性和乘数效应最终都会体现在平台各端的收益上，因此是较为合意的指标。而后，他们通过嵌套选择模型构建了平台免费产品一端的目标利润函数，并根据相关优化条件推导出了需求替代性结构方程，并运用奇虎 360 诉腾讯案的相关数据推导出了关键性替代参数。本文延续张昕竹等（2016）的相关研究，利用他们测算出的需求替代性指标，运用 SSNIP 分析对互联网平台进行相关市场界定分析。

三、基于临界损失分析的相关产品市场界定分析

被誉为"中国互联网反垄断第一案"的奇虎 360 诉腾讯案虽早已审结，但是该案在相关市场界定过程中遗留的一些问题，特别是相关市场界定的实证分析问题至今仍未得到很好的解决，因此探讨该案的相关市场界定问题仍具有典型意义和学术价值。该案的相关产品市场界定无疑是案件审理的重点和难点所在。涉案各方争论的焦点又集中在即时通信产品与微博等社交产品是否同属一个相关市场。各方都提供了各自的证据，但遗憾的是他们均未能就其主张提出关键性的经济证据。本文将利用张昕竹等（2016）的相关研究结果并结合 SSNIP 的执行方法，重点分析即时通信产品与微博产品是否同属一个相关产品市场，从而为互联网平台相关市场界定的实证分析提供一个完整的案例分析。

（一）起点市场与次优替代顺序的确定

在执行 SSNIP 分析之前，确定恰当的分析起点及渐次加入的次优替代品的顺序极为关键。就分析起点的确定而言，若选择的产品范围过小，则需进行数次 SSNIP 分析，增加无谓的分析成本；而倘若起点市场范围过大，则有可能界定出过宽的相关市场，从而违背了相关市场界定中"最小市场"的原则。就次优替代品的选择顺序而言，若处理不当，则很可能由于延迟放入甚

至未能放入具有较大竞争约束的产品，从而导致界定出错误的相关市场（余东华、张海东，2014）。可见，在进行相关市场界定分析时，起点市场和次优替代品次序的确定在很大程度上决定了相关市场界定结果的准确性。根据前述介绍，本案的焦点在于将 SSNIP 分析的起点确定为即时通信产品还是包括即时通信产品和微博产品在内的所有社交产品。

产品转移率是指当某产品（A）价格上涨后，该产品（A）流向其他产品（B）的销量占其总流失销量的比率；转移率越高，说明 B 对 A 的替代性越强。因而产品转移率是判断分析起点和次优替代品顺序的一个较理想的指标。因此本文结合张昕竹等（2016）的分析，整理出腾讯 QQ 与其他产品的替代顺序（见表 1）。在即时通信产品组中，替代性最强的是阿里旺旺（转移率为 28.705%），飞信和 MSN 次之（转移率分别为 27.062% 和 13.847%），最弱的是 SKYPE（2.814%）。而微博产品组中，对腾讯 QQ 的替代性最强的新浪微博和腾讯微博的转移率仅有 1.315%，替代性最弱的奇虎微博的转移率低至 0.117%。可见，微博产品组对腾讯 QQ 的替代性强度整体低于即时通信产品组。

表 1　　　　　　　　　　　腾讯 QQ 与其他产品的替代顺序表

产品	转移率（%）（$D_{QQ \to J_i}$）	替代顺序	反向转移率（%）（$D_{J_i \to QQ}$）	替代顺序
阿里旺旺	− 28.705	1	− 68.820	2
飞信	− 27.062	2	− 67.377	3
MSN	− 13.847	3	− 62.209	5
YY 语音	− 7.998	4	− 69.137	1
人人桌面	− 4.710	5	− 62.330	4
SKYPE	− 2.814	6	− 60.869	6
新浪微博	− 1.315	7	− 5.307	7
腾讯微博	− 1.315	7	− 4.892	8
百度微博	− 0.306	9	− 3.922	9
搜狐微博	− 0.396	8	− 3.898	10
网易微博	− 0.167	10	− 3.673	12
奇虎微博	− 0.117	11	− 3.713	11

注：①J_i 表示除腾讯 QQ 以外的其他产品；②$D_{QQ \to J_i}$ 表示腾讯 QQ 对其他产品的转移率，该指标显示的是其他产品对腾讯 QQ 替代性的强弱；③$D_{J_i \to QQ}$ 表示其他产品对腾讯 QQ 的转移率，该指标显示的是腾讯 QQ 对其他产品替代性的强弱。

资料来源：作者计算。

此外，为加强分析结果的稳健性，本文还计算了其他产品与腾讯 QQ 之

间的反向转移率（$D_{J_i \to QQ}$）[1]（见表 1）。即时通信组中的反向转移率均超过
60%，其中最高的是 YY 语音（69.137%），最低的是 SKYPE（60.869%），
可见腾讯 QQ 能对即时通信产品组内的其他产品形成较强的竞争约束。而在
微博产品组中，反向转移率最高的新浪微博仅有 5.307%，最低的奇虎微博
只有 3.713%。反观微博组内产品间的竞争约束，尽管在总体市场中，腾讯
QQ 的市场份额远高于新浪微博（见附表 1），但是它对微博产品的竞争约束
仍不及新浪微博（用同样的方法可以计算出微博产品组中其他产品与新浪微
博的反向转移率最高的达 42.87%，最低的也有 3.83%[2]）。

　　综上，从转移率和反向转移率的分析结果来看，即时通信产品组内其他
产品与腾讯 QQ 之间能形成较强的竞争约束，而微博产品与腾讯 QQ 之间的
竞争约束则相对较弱。因此，本文将即时通信产品作为 SSNIP 分析的起点市
场，至于即时通信产品是否能构成本案的相关市场则需做进一步检验。

（二）临界损失分析

　　临界损失分析（Critical Loss Analysis）旨在判断假定垄断者在给定价格
上涨幅度下，仍能有利可图所能承受的最大销量损失率。该分析方法是
SSNIP 分析的一个具体应用，其核心在于寻求假定垄断者在特定情境中实施
一个 SSNIP 后，能使其实际损失（Actual Loss，AL）小于临界损失（Critical
Loss，CL）的最小产品（地域）市场，从而使所界定的相关市场是一个"值
得垄断的最小市场"。临界损失分析的计算公式如表 2 所示。

表 2　"利润不变"与"利润最大化"分析思路下的临界损失分析计算公式

需求函数形式	利润不变版本	利润最大化版本
线性需求函数	$\dfrac{t}{t + m}$	$\dfrac{t}{2t + m}$
不变弹性需求函数	$\dfrac{t}{t + m}$	$1 - (1 + t)^{-\left(\frac{1+t}{1+m}\right)}$

　　注：①t 为价格上涨幅度且 $t = (P_1 - P_0)/P_0$；②m 为毛利率且 $m = (P_0 - MC)/P_0$（MC 为边际成本）。
　　资料来源：Werden（1998）。

　　从表 2 可知，计算临界损失的两个关键参数是价格上涨幅度（t）和毛

---

① 本文所称"反向转移率"是指其他产品价格上涨导致其用户流向目标产品（如腾讯 QQ）的用户
　　占该产品整体流失用户的比率。为与前述转移率加以区分，本文称之为"反向转移率"。
② 根据张昕竹等（2016）中转移率计算公式及其他相关信息，可以计算出新浪微博与腾讯微博、
　　百度微博、搜狐微博、网易微博和奇虎微博等微博产品的转移率分别为 42.87%、9.99%、
　　12.92%、5.44% 和 3.83%。

利润率（m）。根据 SSNIP 的相关规则较易确定 t，难点在于确定 m。由于较难获得企业的边际成本信息，在反垄断分析实践中通常采用成本信息来近似替代。因此本文也采用成本信息来近似替代边际成本信息，并将毛利润率的计算公式做了一些转化，见式（1）：

$$m = \frac{(p - c)}{p} = \frac{\pi}{R} \tag{1}$$

由于互联网平台通常采用基于双边市场的免费商业模式，产品的显性价格为"0"，因而无法确切地知道产品的价格和成本信息，按式（1）的方式转化成利润与收入比后虽绕过了"0"价格带来的困扰，但是起点市场的利润和收入如何确定仍较为困难。黄坤（2014）采用代表性企业（腾讯 QQ）的利润和收入信息计算出的毛利润率作为基准毛利润率。这一处理方法有其可取之处，特别是在缺乏完美数据的情况下是一种权宜之计。但它也存在一些严重的不足，第一，代表性企业（腾讯公司）的毛利润率与起点市场的毛利润率可能会存在较大出入；第二，直接将企业利润作为免费产品（本案中为即时通信产品）的利润未免有失妥当，因为互联网平台大多是多产品经营的企业，企业"货币化"免费产品用户而获得的利润与企业的总体利润毕竟不是同一概念；第三，未能很好地衡量双边市场两端客户之间的乘数效应及其在利润和收益上的具体贡献。

为解决上述问题，本文运用张昕竹等（2016）构建的利润函数模型估计出了起点市场中各产品的利润和收入信息，由此计算出的参数既能将免费产品的利润和收入信息从平台企业的总体利润中剥离出来，又能有效地体现和衡量互联网平台两端用户间的乘数效应。根据张昕竹等（2016）的计算结果再结合式（1），得出即时通信产品（j）毛利润率（m_j）的计算公式如下：

$$m_j = \left| \frac{\pi_j}{R_j} \right| = \left| 1 - \left(\frac{\hat{c}_0}{I_j} \right) \frac{1}{MOU_j} - \left(\frac{\hat{c}_1}{I_j} \right) \frac{\ln(MOU_j)}{MOU_j} \right| \tag{2}$$

根据式（2）及张昕竹等（2016）的回归结果，可以计算出即时通信产品集合内各产品的毛利润率（见表 3）。从表 3 可知，即时通信产品组内各产品的毛利润率差异较大，其中毛利润率最大的腾讯 QQ 达 92.25%，飞信、YY 语音和 SKYPE 的毛利润率则介于 10%～20%，其他产品的毛利润率则低于 10%，毛利润率最低的人人桌面仅有 4.25%。这再次说明采用代表性产品（如腾讯 QQ）的毛利润率作为基准毛利润率会使分析结果出现较大偏差。为了使分析结果更具代表性，本文采用样本产品的毛利润率均值（23.22%）作为起点市场的基准毛利润率执行临界损失分析。此外，本文借鉴黄坤（2014）的做法，分析了将基准毛利润率分别提高和降低 25% 与 50% 等情境下的临界损失以提高分析结果的稳健性。

表 3 　　　　　　　　　　　即时通信产品的毛利润率

产品	$\left(\dfrac{\widehat{c_0}}{I_j}\right)$	$\left(\dfrac{\widehat{c_1}}{I_j}\right)$	MOU_j （户／周／小时）	m_j （％）
腾讯 QQ	−4.835	5.066	2.707	92.25
阿里旺旺	0.941	0.866	0.722	8.74
飞信	0.844	0.571	0.400	19.80
MSN	0.894	0.631	0.547	6.16
YY 语音	0.902	1.190	0.819	18.88
人人桌面	0.872	0.549	0.440	4.25
SKYPE	0.931	0.788	0.593	12.44
均值				23.22

资料来源：笔者计算所得。

　　Harris and Simons（1989）、Werden（1998）分别基于"利润不变"和"利润最大化"这两种不同分析思路，根据不同的需求系统（线性和不变弹性）推导出了不同的临界损失计算公式（见表 2）。为了提高计算结果的稳健性，本文针对这四种情形，并结合上述 m 的基准情形、上下浮动 25% 和 50% 的情形，计算不同价格上涨幅度（5% 和 10%）、不同分析思路和需求系统下的临界损失（见表 4）。在临界损失分析中，实际损失的计算公式为 $AL = t\eta$。从张昕竹等（2016）的计算结果可以得出，即时通信组内产品的弹性为 1.443（见附表 2），即 $\eta = 1.443$。因此，当 t 为 5% 和 10% 时的实际损失分别为 7.22% 和 14.43%。

　　根据临界损失分析的相关原则，本案中，若 CL > AL，即时通信产品市场即可构成相关市场；若 CL < AL，即时通信产品市场不能构成相关市场，应将微博产品纳入备选市场做进一步的 SSNIP 分析。表 4 显示，当沿用利润不变分析思路时，线性需求系统和不变弹性需求系统基准情形下的临界损失相同，在 t 为 5% 和 10% 时临界弹性分别为 17.72% 和 30.1%，均大于对应价格上涨幅度下的实际损失；将 m 分别上、下浮动 25% 和 50% 后，各种需求系统下计算出的临界损失均大于对应情形下的实际损失。而沿用利润最大化分析思路时，在线性需求系统下，基准情形下 t 为 5% 和 10% 时的临界损失分别为 15.05% 和 23.14%，大于对应情形下的实际损失；在不变弹性需求系统下，对应的临界损失分别为 56.42% 和 27.06%，也大于对应情形下的实际损失；并且在各种需求系统下将毛利润率分别上、下浮动 25% 和 50% 也得到了一致的结论。可见，本文采用临界损失分析法计算的各种情形下的临界损失值均大于实际损失，由此可以判定即时通信产品是本案的相关产品市场。

值得注意的是，表 4 中临界损失值会因分析思路、需求系统和毛利润率不同而有所差异。当其他条件不变时，毛利润率越高，临界损失越小，界定的相关市场也越宽；"利润不变"分析思路下的临界损失值不受函数形式的影响；而"利润最大化"分析思路下的临界损失受需求函数形式的影响较大，且线性需求系统比不变弹性需求系统下计算的临界弹性值更小。从上述分析中，无法确切地得出不同分析思路下界定出的相关市场孰宽孰窄；但可以判断出采用线性需求系统比不变弹性需求系统界定的相关市场更宽。这一结论提醒有关当局在案件审理过程中应该尽可能地对各种情形下的临界损失做全面系统的分析，警惕有关方面利用这种差异来选择对自身有利的相关市场界定结果。

表 4　　　　　　　　　　　各种情形下的临界损失计算结果

毛利润率（m）（%）			利润不变情形（%）		利润最大化情形（%）	
			t = 5%	t = 10%	t = 5%	t = 10%
线性需求	下浮 50%	11.61	30.1	46.27	23.14	31.64
	下浮 25%	17.415	22.31	36.48	18.24	26.73
	基准情形	23.22	17.72	30.1	15.05	23.14
	上浮 25%	29.025	14.7	25.62	12.81	20.4
	上浮 50%	34.83	12.55	22.31	11.15	18.24
不变弹性需求	下浮 50%	11.61	30.1	46.27	62.74	38.44
	下浮 25%	17.415	22.31	36.48	59.43	31.78
	基准情形	23.22	17.72	30.1	56.42	27.06
	上浮 25%	29.025	14.7	25.62	53.68	23.56
	上浮 50%	34.83	12.55	22.31	51.18	20.85

资料来源：笔者计算所得。

四、基于临界转移率分析的相关产品市场分析

由于未有效反应产品毛利润率与需求弹性之间的关系，采用临界损失分析可能会界定出较宽的相关市场（O'Brien and Wickelgren，2003）。因此，Farrell and Shapiro（2010）推导出了一种新的、具有更好实证基础和经济学基础的 SSNIP 执行方法——临界转移率分析法（critical diversion ratio analysis）。它与临界损失分析法的最大不同在于，充分考虑了备选市场中各产品之间的转移率并在公式推导过程中使用了 Lerner 指数（黄坤等，2013）。由于每种 SSNIP 执行方法各有千秋，因此为了加强分析结果的稳健性，本文再采用临界转移率分析法界定相关产品市场，来验证两种分析方法界定出的相

关市场是否一致。

O'Brien and Wickelgren（2003）、Katz and Shapiro（2003）以及 Daljord et al.（2008）等学者分别推导出了不同版本的临界转移率执行方法。每种方法的临界损失与实际损失的计算公式不同，适用情形也有所不同。与其他版本相比，Daljord et al.（2008）的临界转移率分析法适用于差异化产品市场，其假设前提更符合实际情况，应用范围也更广。本案中每款即时通信产品的功能有差异，各自的细分市场也不同。因此本文采用 Daljord et al.（2008）的临界转移率分析法来分析本案的相关市场。其临界损失（CL）与实际损失（AL）的计算公式分别为：

$$CL = \frac{t(1 + D)}{(t + m)} \qquad (3)$$

$$AL = \frac{t}{m} \qquad (4)$$

式（3）、式（4）中的关键参数为 t、m 和 D。其中，t 表示价格上涨幅度，在实践中通常取值为 5% 和 10%；m 表示毛利润率，根据上节中的分析，本案的基准毛利润率为 23.22%；该版本中的产品转移率（D）表示备选市场中的其他产品价格上涨导致其消费者转向购买目标产品的总数量占目标产品销售量的比例（实际上是本文中提到的反向转移率）。因此，本文采用即时通信产品集合内其他产品与腾讯 QQ 之间的平均转移率作为基准转移率来执行分析。根据张昕竹等（2016）中构建的需求替代性结构方程，得到转移率计算公式为：

$$D_{j_m j_1} = \frac{- s_{j_1}\left(\dfrac{\rho_1}{1 - \rho_1} s_{j_m / g_1} + s_{j_m}\right)}{\left(\dfrac{1 - \rho_1 s_{j_m / g_1}}{1 - \rho_1} - s_{j_m}\right)} \qquad (5)$$

式（5）中，j_1 表示腾讯 QQ；j_m 指其他即时通信产品；s_{j_1} 表示腾讯 QQ 在整体市场中的市场份额；s_{j_m} 和 s_{j_m / g_1} 分别是指产品 j_m 在整体市场和即时通信产品子集中的市场份额；ρ_1 表示即时通信产品子集的组内相关系数。根据式（5）及张昕竹等（2016）的相关回归结果，便可计算出 j_m 与 j_1 之间的转移率及其均值，本文将该均值（65.12%）作为基准转移率执行后续分析（见表 5）。

表 5　　　　　　　　其他即时通信产品与腾讯 QQ 的转移率及其均值

产品	s_{j_1}	s_{j_m}	s_{j_m / g_1}	ρ_1	$D_{j_m j_1}$（%）
阿里旺旺	0.4897	0.0908	0.1149	0.928	68.820
飞信	0.4897	0.0856	0.1069	0.928	67.377

产品	s_{j_1}	s_{j_m}	s_{j_m/g_1}	ρ_1	$D_{j_m j_1}$（%）
MSN	0.4897	0.0438	0.0534	0.928	62.209
YY 语音	0.4897	0.0253	0.0352	0.928	69.137
人人桌面	0.4897	0.0149	0.0189	0.928	62.330
SKYPE	0.4897	0.0089	0.0111	0.928	60.869
均值					65.12

资料来源：笔者计算所得。

确定好各关键参数的取值后，根据式（3）、式（4）计算出各种情形下的临界损失（CL）和实际损失（AL）。为了加强分析结果的稳健性，本节仍将 m 按照基准情形、上下浮动25%和50%等五种情形加以分析，t 也分别按5%和10%等两种情形加以分析（见表6）。

表6　　　　　　　　　　　各种情形下的临界转移率分析

毛利润率（m）（%）		t = 5%		t = 10%	
		临界损失（%）	实际损失（%）	临界损失（%）	实际损失（%）
下浮50%	11.61	49.71	43.07	76.41	86.13
下浮25%	17.415	36.83	28.71	60.23	57.42
基准情形	23.22	29.26	21.53	49.71	43.07
上浮25%	29.025	24.26	17.23	42.31	34.45
上浮50%	34.83	20.73	14.36	36.83	28.71

资料来源：笔者计算所得。

表6显示，在基准情形下（毛利润率为23.22%），给定价格上涨5%和10%时，临界损失分别是 29.26% 和 49.71%，对应的实际损失分别是21.53%和43.07%，临界损失均大于实际损失。可见，在标准情形下，当给定价格上涨幅度为5% ~ 10%时，即时通信产品可以构成本案的相关市场。在将基准毛利润率上浮25%（毛利润率为29.025%）、下浮25%（毛利润率为17.415%）以及上浮50%（毛利润率为34.83%）的情境中，无论价格上涨5%还是10%，临界损失值均大于实际损失值。将基准毛利润率下浮50%（毛利润率为11.61%），给定价格上涨5%，临界损失和实际损失分别为49.71%和43.07%，临界损失大于实际损失；但当价格上涨幅度定为10%时，临界损失和实际损失分别为76.41%和86.13%，临界损失小于实际损失。

在以上20种情境中，19种情境下（包括基准毛利润率下的两种情境）

的分析结论都显示临界损失值大于实际损失；而由于基准毛利润率下浮 50%
的情形在实际中并不常见，因此本文仍可判定在临界转移率分析框架下，即
时通信产品可以构成本案的相关市场。该结论与采用临界损失分析的结果是
一致的。值得注意的是，在该分析框架下，各种情形下计算出的临界损失与
实际损失均非常接近，这不仅说明即时通信产品是本案的相关市场，且是
"值得垄断的最小市场"，因而更充分地说明了本文分析结论的正确性和准
确性。

五、结论与讨论

相关市场界定是反垄断经济分析的关键步骤和逻辑起点，也一直是反垄
断分析的难点。而在互联网平台等新经济形态中通行的基于双边市场的免费
商业模式使该问题变得更加棘手。遗憾的是，各界尚未就新经济形态下相关
市场界定的实证分析问题形成具有权威性和可操作性的分析思路与方法。这
将导致相关反垄断执法一直伴随较高的失误风险。为此，本文利用能够衡量
新经济形态相关特征的需求替代弹性指标和第三方数据，结合 SSNIP 分析的
相关执行方法，实现了对奇虎 360 诉腾讯案进行相关产品市场界定分析，并
得到以下结论：

（1）SSNIP 分析可以适用于各种情境，包括互联网平台等具有双边市场
和免费商业模式的新经济形态中。SSNIP 分析是当前运用最广、最权威的相
关市场界定分析范式，其背后所蕴含的经济思想近乎完美。将其运用于互联
网平台等新经济形态时，要改变的不是方法本身，而是要结合互联网平台的
特征改进 SSNIP 分析方法所需指标的测算方法。本文便是以奇虎 360 诉腾讯
案为例，利用张昕竹等（2016）构建的需求弹性结构方程计算出的需求替代
性参数，再结合临界损失分析和临界转移率分析等方法，对案件进行了完整
的相关产品市场分析，从而证明了 SSNIP 分析可以适用于免费和双边市场的
情境中。

（2）本文的分析结论为奇虎 360 诉腾讯案的相关判决提供了（事后的）
实证分析结论和关键性经济证据。本文首先通过转移率和反向转移率等信息
确定 SSNIP 分析的起点为即时通信产品市场，而后分别采用临界损失分析法
和临界弹性分析法对该案的相关市场界定进行实证分析，通过对不同分析思
路、不同需求系统、不同价格上涨幅度以及不同毛利润率等各种情形的系统
分析，得到一个稳健的分析结论——即时通信产品市场是该案的相关产品市
场，且是"值得垄断的最小产品市场"。

（3）本文为互联网平台相关市场界定的实证分析提供了一个分析思路。
本文与张昕竹（2016）一起构成了一个完整的互联网平台需求替代分析和相
关市场界定分析。利用张昕竹（2016）中构建的需求替代性结构方程可以计

算出涉案产品的关键需求替代性参数，由于该分析框架仅需要产品用户特征向量和市场份额数据，具有较好的数据可得性；而本文的侧重点则是利用这些修正后的指标，执行 SSNIP 分析从而实现相关市场界定分析。本文在执行临界损失分析和临界转移率分析中的思路、步骤、方法及为提高分析结果的稳健性所做的调整均可以推广到其他案件的分析中。

（4）在界定相关市场时，应尽可能地采用多种分析方法以增强分析结果的可靠性。互联网平台本身所具有的特殊性质给相关市场界定分析带来不小的挑战，而由于每种相关市场界定方法均有各自的优缺点，若能采用多种分析方法对案件予以综合分析，则能使分析更全面。倘若采用多种分析方法得到的所有（至少大多数）证据都指向同一分析结论时，则说明所得到的分析结果是可靠的，从而能较大程度地避免界定出错误的相关市场。本文对各种情形下的临界损失计算结果的差异说明不同分析思路和需求系统下的临界损失值会存在较大差异，有关当局在案件审理过程中应尽量多方考察，防止有关方面利用这些差异来"选择"对自身有利的市场。

参 考 文 献

[1] 陈富良、郭建斌：《数字经济反垄断规制变革：理论、实践与反思——经济与法律向度的分析》，载《理论探讨》2020 年第 6 期。

[2] 陈永伟：《平台条件下的相关市场界定：若干关键问题和一个统一分析流程》，载《竞争政策研究》2020 年第 3 期。

[3] 黄坤：《反垄断审查中的经济学分析——以奇虎公司诉腾讯公司案为例》，载《经济与管理研究》2014 年第 11 期。

[4] 黄坤、陈剑、张昕竹：《反垄断审查中的相关市场界定方法研究》，载《当代财经》2013 年第 6 期。

[5] 黄坤、张昕竹：《"可以获利"与"将会获利"：基于情景分析比较相关市场界定结果》，载《中国工业经济》2013 年第 3 期。

[6] 孟昌、李词婷：《网络平台企业免费产品相关市场界定与案例应用——以视频平台为例》，载《经济理论与经济管理》2019 年第 10 期。

[7] 曲创、刘重阳：《平台厂商市场势力测度研究——以搜索引擎市场为例》，载《中国工业经济》2016 年第 2 期。

[8] 曲创、王夕琛：《互联网平台垄断行为的特征、成因与监管策略》，载《改革》2021 年第 5 期。

[9] 孙晋：《数字平台的反垄断监管》，载《中国社会科学》2021 年第 5 期。

[10] 王先林、曹汇：《平台经济领域反垄断的三个关键问题》，载《探索与争鸣》2021 年第 9 期。

[11] 余东华、张海东：《相关市场界定中的次优替代品选择研究——以可口可乐 – 汇源案为例》，载《中国地质大学学报（社会科学版）》2014 年第 4 期。

[12] 占佳：《反垄断分析中的相关市场界定：基于欧美国家的方法梳理及研究启示》，

引自《产业组织评论》2020 年第 1 辑。

［13］张昕竹、占佳、马源：《免费产品的需求替代分析——以奇虎 360/腾讯案为例》，载《财贸经济》2016 年第 8 期。

［14］Blair, R. D. and Kaserman, D. L. , 2009：Antitrust Economics (2th ed.), New York：Oxford University Press.

［15］Daljord, O. , Sorgard, L. , and Thomassen, O. , 2008：The SSNIP Test and Market Definition with the Aggregate Diversion Ratio：a Reply to Katz and Shapiro, Journal of Competition Law and Economics, Vol. 4, No. 2.

［16］Evans, D. S. , 2011：Antitrust Economics of Free, Competition Policy International, Vol. 7, No. 2.

［17］Evans, D. S. and Noel, M. D. , 2005：Defining Antitrust Markets When Firms Operate Two-sided Platforms, Columbia business law review, Vol. 5, No. 3.

［18］Evans, D. S. and Noel, M. D. , 2008：The Analysis of Mergers that Involve Multisided Platform Businesses, Journal of Competition Law and Economics, Vol. 4, No. 3.

［19］Evans, D. S. and Schmalensee, R. , 2007：The Industrial Organization of Markets With Two-sided Platforms. Competition Policy International, Vol. 3, No. 1.

［20］Evans, D. S. and Schmalensee, R. , 2013：The Antitrust Analysis of Multi-sided Platform Businesses, NBER Working Paper No. w18783.

［21］Emch, E. and Thompson, T. S. , 2006：Market Definition and Market Power in Payment Card Net-works, The Review of Network Economics, Vol. 5, No. 1.

［22］Farrell, J. and Shapiro, C. , 2010：Recapture, Pass-through, and Market Definition, Antitrust Law Journal, Vol. 76, No. 4.

［23］Filistrucchi, L. , Geradin, D. , and Van Damme, E. , 2014：Market Definition in Two-sided Markets：Theory and Practice, Journal of Competition Law and Economics, Vol. 10, No. 2.

［24］Gal, M. S. and Rubinfeld, D. L. , 2016：The Hidden Costs of Free Goods：Implications for Antitrust Enforcement, Antitrust Law Journal, Vol. 80, No. 3.

［25］Harris, B. C. and Simons, J. J. , 1989：Focusing Market Definition：How Much Substitution is Necessary?, Research in Law and Economics, Vol. 12, No. 1.

［26］Katz, M. L. and Shapiro, C. , 2003：Critical Loss：Let's Tell the Whole Story, Antitrust, Vol. 17, No. 2.

［27］Motta, M. , 2004：Competition Policy：Theory and Practice, New York：Cambridge University Press.

［28］Newman, J. M. , 2015：Antitrust in Zero-price Markets：Foundations, University of Pennsylvania Law Review, Vol. 164, No. 3.

［29］O'Brien, D. P. and Wickelgren, A. L. , 2003：A Critical Analysis of Critical Loss Analysis, Antitrust Law Journal, Vol. 71, No. 1.

［30］Ordover, J. A. and Willing, R. D. , 1983：The 1982 Department of Justice Merger Guidelines：An Economic Assessment, California Law Review, Vol. 71, No. 2.

［31］Pitofsky, R. , 1990：New Definitions of Relevant Market and the Assault on Antitrust, Columbia Law Review, Vol. 90, No. 7.

[32] Scheffman, D. T. , Coate, M. B. , and Silvia, L. , 2003: Twenty Years of Merger Guidelines Enforcement at the FTC: An Economic Perspective, *Antitrust Law Journal*, Vol. 71, No. 1.

[33] Stigler, G. J. , 2019: Center Committee for the Study of Digital Platforms, Market Structure and Antitrust Subcommittee, *Stigler Center for the Study of Economy and State of University of Chicago*.

[34] Turner, D. F. , 1982: Observations on the New Merger Guidelines and the 1968 Merger Guidelines, *Antitrust Law Journal*, Vol. 51, No. 2.

[35] Werden, G. J. , 1998: Demand Elasticties in Antitrust Analysis, *Antitrust Law Journal*, Vol. 66, No. 2.

[36] Werden, G. J. , 2012: Why (Ever) Define Markets? An Answer to Professor Kaplow. *Antitrust Law Journal*, Vol. 78, No. 3.

An Empirical Analysis of Relevant Market Definition in Platform: the Case of Qihoo 360 V. Tencent

Jia Zhan

Abstract: Strengthening the antitrust enforcement in platform economy has become a global common trend. However, the relevant market definition analysis, which is the key step and logical starting point of antitrust economic analysis, faces huge challenges in the platform economy. It has become a major obstacle to the effective enforcement of antitrust laws in this field. So, the article used the adjusted elasticity index, data from iResearch and SSNIP test to analyze the relevant product market definitions of the case of Qihoo 360 v. Tencent. It proved that the instant messaging market was the relevant product market of this case, thus providing (after the fact) empirical conclusions and key economic evidence for the judgments. Meanwhile, the article also confirmed that SSNIP test is universal and can still be applied to new economy such as Internet platforms.

Keywords: Relevant Market Definition Platform Economy Anti-trust Two-sided Market

JEL Classification: D42 L16 L43

附表 1　　　　　　　　　　　　　　样本基本统计量

产品	性别（男=1）	婚姻（已婚=1）	年龄（岁）	教育水平（年）	月收入（元）	总体份额（%）	子组内份额（%）	有效使用时长（户/周/小时）
腾讯 QQ	0.544 (0.006)	0.440 (0.007)	28.335 (0.131)	15.064 (0.118)	2373.1 (90.8)	48.97 (4.74)	61.67 (1.47)	2.707 (0.312)
阿里旺旺	0.493 (0.017)	0.453 (0.016)	28.261 (0.451)	15.219 (0.091)	2530.3 (114.9)	9.08 (0.62)	11.49 (1.01)	0.722 (0.086)
飞信	0.539 (0.013)	0.341 (0.027)	27.094 (0.830)	15.616 (0.110)	2471.4 (151.4)	8.56 (1.71)	10.69 (1.24)	0.400 (0.038)
MSN	0.454 (0.021)	0.451 (0.029)	29.458 (0.643)	15.534 (0.156)	3244.4 (132.3)	4.38 (0.018)	5.34 (0.016)	0.547 (0.077)
YY 语音	0.674 (0.027)	0.287 (0.021)	24.347 (0.826)	14.448 (0.144)	1939.8 (123.7)	2.53 (0.15)	3.52 (0.21)	0.819 (0.099)
人人桌面	0.566 (0.037)	0.124 (0.024)	21.866 (1.095)	15.660 (0.223)	1408.3 (174.1)	1.49 (0.13)	1.89 (0.23)	0.440 (0.148)
SKYPE	0.473 (0.033)	0.437 (0.029)	29.848 (1.012)	15.484 (0.243)	3263.0 (161.9)	0.89 (0.21)	1.11 (0.15)	0.593 (0.095)
新浪微博	0.493 (0.029)	0.362 (0.028)	27.227 (0.746)	15.313 (0.164)	2414.0 (137.1)	7.17 (3.19)	35.61 (7.96)	0.528 (0.216)
腾讯微博	0.596 (0.058)	0.373 (0.064)	27.057 (1.333)	14.982 (0.204)	2283.1 (202.7)	7.17 (4.74)	29.53 (13.45)	0.085 (0.028)
百度微博	0.591 (0.040)	0.360 (0.030)	26.231 (1.077)	14.834 (0.197)	2059.5 (155.0)	1.67 (0.29)	10.75 (6.69)	0.028 (0.006)
搜狐微博	0.581 (0.038)	0.568 (0.049)	31.674 (1.499)	15.298 (0.257)	2745.0 (150.1)	2.16 (1.20)	10.12 (3.92)	0.043 (0.018)
网易微博	0.658 (0.042)	0.514 (0.081)	31.164 (1.494)	15.429 (0.242)	2858.6 (242.2)	0.91 (0.46)	4.25 (0.97)	0.054 (0.035)
奇虎微博	0.583 (0.055)	0.514 (0.049)	30.311 (1.510)	15.041 (0.368)	2398.1 (177.3)	0.64 (0.38)	5.39 (5.79)	0.094 (0.055)

　　注：①本表报告的是样本基本统计量的均值，括号内为样本标准差；②总体份额是指产品覆盖用户占两组产品总市场的份额；子组内份额是指该产品占对应产品子集的市场份额；③有效使用时长是指户均周有效使用时长。

　　资料来源：张昕竹、占佳、马源：《免费产品的需求替代分析——以奇虎360/腾讯案为例》，载《财贸经济》2016 年第 8 期，第 144～160 页。

附表 2　　　　　　　　　　　　产品的自弹性、交叉弹性与产品转移率

产品	自弹性 (ε_{jj})	交叉弹性 ($\varepsilon_{j_1k_i}$)	交叉弹性 ($\varepsilon_{k_ij_1}$)	产品转移率（%）($D_{j_1k_i}$)	产品转移率（%）($D_{k_ij_1}$)
腾讯 QQ	- 1.084				
阿里旺旺	- 11.445	0.270	1.443	- 28.705	- 68.820
飞信	- 5.05	0.252	1.443	- 27.062	- 67.377
MSN	- 16.238	0.126	1.443	- 13.847	- 62.209
YY 语音	- 5.297	0.082	1.443	- 7.998	- 69.137
人人桌面	- 23.506	0.044	1.443	- 4.710	- 62.330
SKYPE	- 8.038	0.026	1.443	- 2.814	- 60.869
新浪微博	- 14.942	0.012	0.084	- 1.315	- 5.307
腾讯微博	- 2.113	0.012	0.084	- 1.315	- 4.892
百度微博	- 0.770	0.003	0.084	- 0.306	- 3.922
搜狐微博	- 0.765	0.004	0.084	- 0.396	- 3.898
网易微博	- 1.136	0.002	0.084	- 0.167	- 3.673
奇虎微博	- 1.788	0.001	0.084	- 0.117	- 3.713

　　注：表中交叉弹性与产品转移率中的 j_1 是指腾讯 QQ，k_i 是指其他即时通信产品和所有微博产品。

　　资料来源：张昕竹、占佳、马源：《免费产品的需求替代分析——以奇虎 360/腾讯案为例》，载《财贸经济》2016 年第 8 期，第 144 ~ 160 页。

第 21 卷第 1 辑　　　　　　　　产业经济评论　　　　　　　Vol. 21　No. 1
2022 年 3 月　　　　　Review of Industrial Economics　　　　March 2022

共享住宿平台中的质量信号会影响产品定价吗？

——基于价值共创行为的研究视角

王　博　贾　婷*

摘　要： 在共享住宿平台中，消费者能够利用价值共创行为形成共创评分、共创图文和共创文字三类不同的产品质量信号，通过影响潜在消费者购买决策生成信号价值。供给方为制定更加合理的产品价格，需要考虑上述价值共创行为的影响效果。随机抽取本土化代表性共享住宿平台——小猪短租中的北京市房源作为样本，进行实证研究，结果显示在控制其他变量不变的情况下，共创评分信号和共创图文信号能够对产品定价产生显著的正向影响，但共创文字信号的作用效果为负。因此，供给方在制定产品价格时应充分考虑消费者价值共创行为生成的产品质量信号的异质性影响、平台企业则需要完善创新消费者之间的沟通交流渠道，以此促进共享住宿行业健康可持续发展。

关键词： 质量信号　价值共创　产品定价　共享住宿

一、引　　言

近年来，共享住宿市场的强劲发展势头有所放缓，自 2017 年起交易规模年增长率连续 4 年下降（数据来源：国家信息中心分享经济研究中心），新冠肺炎疫情的出现更是导致市场环境大幅波动。然而，共享住宿产品定价却在上述情境下依旧保持刚性，供给方未能及时根据环境变化对其做出调整，这对市场交易规模增长带来负面影响。共享住宿作为旅游住宿服务领域中的新生力量，注重满足消费者的个性化需求和独特化体验，与此同时，旅游住宿产品的经验品属性导致供需双方之间存在信息不对称性，这就使得供给方在制定产品价格时，需要考虑质量信号对消费者购买决策的影响（廖俊

* 本文受国家社科基金一般项目"共享经济信任危机的分阶段演化机制及治理策略研究"（21BJY158）资助。
　感谢审稿人的专业修改建议！
　王博：哈尔滨工业大学；地址：哈尔滨南岗区西大直街 92 号，邮编 150001；E-mail：wangbo@ hit. edu. cn。
　贾婷：哈尔滨工业大学；地址：哈尔滨南岗区西大直街 92 号，邮编 150001；E-mail：18S016004@ stu. hit. edu. cn。

云、黄敏学，2016）。在共享住宿平台中，消费者能够通过评分、评论等价值共创行为丰富产品质量信息，影响潜在消费者购买决策，生成信号价值。在这种情况下，供给方应当如何考虑消费者共创行为带来的信号价值，以此制定更加合理的产品价格呢？为解答这一问题，本文将共享住宿平台作为研究背景，以价值共创理论为研究视角，结合信号理论分析由消费者价值共创行为生成的产品质量信号与共享住宿产品定价之间存在的异质性作用关系，为供给方制定合理的产品价格提供理论和实践依据，促进共享住宿行业健康可持续发展。

二、文　献　综　述

本文基于消费者价值共创理论和信号理论构建理论分析框架，探究共享住宿平台中产品质量信号与价格之间存在的作用关系。这就需要从价值共创理论、信号理论及二者在共享经济中的应用研究，共享住宿产品定价影响因素的相关研究三个方面进行综述。

（一）价值共创理论及其在共享经济中的应用研究

价值共创研究源于共同生产，最早可以追溯到 20 世纪 90 年代（Wikström，1996）。21 世纪初期，营销范式由产品主导逻辑向服务主导逻辑的转变，为价值共创理论的出现提供了良好的理论背景。价值共创理论强调消费者可以通过提供操作性资源，整合利用对象性资源，在与企业的互动过程中成为价值的共同创造者（Vargo and Lusch，2004；Williams and Aitken，2011）。在单边市场交易中，消费者作为交换关系中的积极合作方，其可以通过价值共创行为参与到整个服务过程中，为企业带来额外的经济收益（Yi and Gong，2013）。而在以共享经济为重要组成部分的双边市场当中，双边用户能够基于自身需求选择参与方式。其中，消费者作为产品购买和特征描述的主要参与方，以其为核心的价值共创能够更好满足供给方的经营目标（孙楚、曾剑秋，2019；Camilleri et al.，2017）。学者们因此对共享经济中消费者价值共创行为的形成机制及影响效果展开分析。在形成机制的相关研究中，学者们分析发现，在 Uber、Lyft、Airbnb 等共享经济平台中，社会支持会正向影响伦理认知、信任以及承诺，但上述三个变量中仅有伦理认知会显著促进价值共创（Nadeem et al.，2020）。在其中聚焦于共享住宿的研究中，学者还发现经济利益、安全、隐私等因素对价值共创行为的发生具有重要作用（Thaichon et al.，2020）。在影响效果分析中，学者们通过将共享经济产品交易过程划分为前中后三个阶段，探讨了涉及功能价值、社会价值、情感价值的三类价值共创活动在不同消费阶段对共享住宿产品支付溢价的影响效果，以此检视消费者价值共创活动对共享经济发展带来的支持作用（Zhang et al.，2018）。

（二）信号理论及其在共享经济中的应用研究

信号理论源于学者对劳动力市场当中信息优势者为提升经济收益向信息劣势者传递更多"真实"信息的研究（Spence，1973）。为解决产品市场当中由信息不对称导致的逆向选择和道德风险问题，学者们将信号理论的研究范围扩展到产品市场当中，发现供给方可以通过提供一个可观察的信号组合，帮助消费者了解难以观测的产品质量（黄奕林，1998；Kirmani and Rao，2000）。双边市场的兴起引致线上成为重要的交易渠道，学者们着手分析该渠道中各类经济主体应该如何丰富产品质量信号，以刺激消费者做出有利于自身的购买决策（肖俊极、刘玲，2012）。供给方、平台型企业、需求方作为双边市场的主要参与者，能够提供不同种类的产品质量信号。其中，供给方可以提供诸如形状、质地等物理描述信息作为质量信号（何为、李明志，2014）；平台型企业能够通过建立不同类型的第三方标记，如认证机制或保障机制，提供辨别产品质量的信号（王宇、魏守华，2016）；需求方则可以通过评论发表形成产质量信号，其中评论的字数多寡、是否含有图片、风格特征等因素会影响信号传递效果（Siering et al.，2018；李昂、赵志杰，2019）。当研究推进到共享经济领域中，学者们关注声誉、标签、物理描述等信号对消费者意愿及行为的异质性影响。分析发现，平台声誉和供给方声誉作为产品质量的可观测信号，能够正向显著影响消费者持续使用意愿，且平台声誉的影响效果更强（贺明华、梁晓蓓，2018）。"超级房东"称号、身份认证、额外费用、区域竞争力等因素是对消费者预定行为产生影响的主要信号（Yao et al.，2019）。由在线评论产生的定性信号和在线评分产生的定量信号均会正向显著促进可持续消费行为，且这两个信号之间的作用效果还存在互补效应（池毛毛等，2020）。

（三）共享住宿产品定价影响因素的相关研究

共享住宿作为共享经济中的重要领域，学者们从产品物理属性、第三方认证机制、交易主体特征三个方面对该交易市场中的产品定价影响因素展开分析。在产品物理属性方面，地理位置和设施配置是较为关键的影响因素，当共享住宿产品位置距离旅游城市中心越远，供给方制定的产品价格就会越低（王春英、陈宏民，2018）。然而，若是房源能够提供更好的床、免费无线（Wi-Fi）以及自由停车位等配套便利设施，其价格会高一些（Wang and Nicolau，2017）。在第三方认证机制方面，平台型企业给予的房东称号或者消费评论形成的声誉，如"超赞房东"、好评得分等，均会对共享住宿产品定价产生显著的正向影响（Liang et al.，2017；牛阮霞、何砚，2020）。在交易主体特征方面，供给方作为闲置房屋资源使用权的出租者，其特征受到大多数学者的关注。国外学者主要探究了种族、性别产生的影响，分析发现当供给方身份为有色人种或者女性时，其获得的房屋使用权出租收入偏低（Marchenko，2019）。国内学者则更关注供给方专业程度带来的影响，研究发现专业房东相较于非专业房东对市场中的需求变化更加敏感，并且对于房源选址有更精准的把握，其在制定共享住宿产品价格时较为重视性价比、房间数量、地理位置等变量，而非专业房东在定价时更关注评分、评论等方面的信息（陈子燕、邓丽，2019）。此外，需求方特征也受到一部分学者的关注，研究发现消费者个人属性和出行属性也会对产品定价产生一定的影响效果（王保乾、邓菲，2018）。

综上所述，学者们已经认识到消费者内容发布这一行为对共享经济产品价值增值的重要性，并对产品质量信号与消费者购买决策以及消费者需求与产品定价之间的作用关系展开讨论，这都为本文的开展提供了有益的启示。然而，现有研究在以下方面尚存在不足：（1）在以共享住宿为背景的研究中，对于消费者价值共创行为生成的产品质量信号类型，及其对产品定价产生的异质性影响分析有待深入。（2）在实证分析中，多利用问卷数据展开研究，主观性过强。因此，本文结合价值共创理论和信号理论，分析共享住宿平台中消费者价值共创行为生成的产品质量信号，及其与产品定价之间存在的异质性作用关系，并利用爬取得到的共享经济平台数据进行实证检验，依据研究成果提出实践启示。

三、研 究 假 设

根据平台模块设置，并结合价值共创理论和信号理论，可以将消费者价值共创行为生成的产品质量信号划分为共创评分信号、共创文字信号和共创图文信号三种类型。在共享住宿平台中，消费者价值共创行为借助评分、评论系统展开。消费者通过在线评分能够生成共创评分信号，通过在线评论能够生成共创评论信号。此外，按照评论中是否同时包含图片展示和文字描述，可以将共创评论信号进一步划分为仅有文字描述的共创文字信号和图片并茂的共创图文信号。依据上述划分，下面将对三类产品质量信号与定价之间存在的作用关系展开分析，并据此提出研究假设，分析思路如图 1 所示。

（一）共创评分信号与共享住宿产品定价

供给方在制定产品价格时需要考虑共创评分信号对潜在消费者购买决策的影响。以数字形式展示的网络口碑在电子商务交易环境下能够传递产品质量信号，进而影响潜在消费者的意愿及行为。与电商产品相类似，共享住宿产品交易的确定也是在互联网技术支撑下的虚拟网络平台中展开的，平台运营者为了保障市场信誉环境，同样设立了在线评分系统，其中的数字网络口碑表现为消费者利用价值共创行为生成的定量信号——共创评分信号。该评分信号是平台按照一定规则对每一位消费者评分加总得到的，可以在不同房源之间进行横向比较。潜在消费者在选购共享住宿产品时，通过浏览不同房源评分，可以依据数值高低对产品质量进行初步判断。一般而言，高评分是消费者在得到优质服务后，传递出的高产品质量信号，能够增加潜在消费者的购买意愿，供给方可以据此提升产品价格。综上所述，本文提出如下研究假设：

H1：共创评分信号对产品定价具有显著的正向作用。

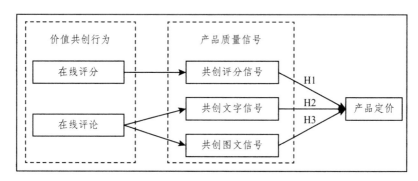

图 1　消费者价值共创行为的信号作用分析

（二）共创评论信号与共享住宿产品定价

供给方在制定产品价格时需要考虑共创评论信号对潜在消费者购买决策的影响。共创评论信号可以通过共享住宿平台中的在线评论系统向外展示，由于不同消费者之间的评论方式存在差异，这会导致评论信号对共享住宿产品定价产生异质性作用效果。基于前文分析，按照是否包含图片展示，本文将共创评论信号分为共创文字信号和共创图文信号。在共享住宿产品的交易过程中，产品物理特征被剥离，这就使得潜在消费者在选购时面临较强的信息不对称性。由消费者价值共创行为生成的共创文字信号和共创图文信号，能够从不同角度对产品及服务特征进行补充性描述，帮助供给方更好地展示产品特征。与仅有文字描述的评论相比，图文并茂的评论可信程度更强，其一方面能够展示更多信息，以图片对文字内容进行佐证和完善；另一方面能够让潜在消费者通过浏览图片形成更加直观准确的认知，降低感知风险。这使得相较于共创文字信号，共创图文信号能够进一步促进潜在消费者的购买意愿，供给方也可以据此对产品价格进行更大幅度的正向调整。综上所述，本文提出如下研究假设：

H2：共创文字信号对产品定价具有显著的正向影响。

H3：共创图文信号对产品定价具有显著的正向影响。

H4：相较于共创文字信号，共创图文信号对产品定价的影响更强。

四、数据采集和变量说明

（一）数据来源与预处理

本文选取小猪短租中的北京市房源作为分析样本。以 C2C 为主要交易模式的小猪短租是中国共享住宿领域中的代表性企业，该平台已经为超过 5000 万的用户提供服务，平台内设置的评分、评论系统能够为消费者开展价值共创行为提供良好的现实环境。《中国共享住宿发展报告（2020）》中公布的数据显示，在 2019 年，北京市的房源量、间夜量、订单量均居于首位，这说明北京市房源能够生成较为丰富的在线评分、评论信息，为研究的顺利开展提供数据支持。因此，本文随机抽取小猪短租中的 5092 家北京市房源作为样本，并利用 Python 编写的网络爬虫代码获取需要的研究数据。

数据预处理。在小猪短租平台中，由于 3 位及以上的消费者点评才能生成房源评分，为保证评分数据的可获取性，本文删除样本中评论数据小于 3 的房源。此外，部分供给方在暂停经营时，会将共享住宿产品价格制定得极高，如面积为 66 平方米的产品价格是一晚 9999 元，这类房源数据属于异常点，需要删除。在经过数据预处理后，本文最终得到 1706 条北京市房源以及 39199 条消费者评论作为研究样本。

（二）变量选取与测量

被解释变量。为验证质量信号与共享住宿产品定价之间的作用关系，本文将产品定价（PRI）作为被解释变量。产品定价可以通过爬取供给方在小猪短租平台上设置的基础销售价格获得。但由于共享住宿产品类型多样、异质性强，为降低异方差性，本文取上述产品定价以 10 为底的对数作为该变量的测量值。

核心解释变量。共享住宿平台中消费者通过评分、评论系统发布信息，传递共创文字信号（UCT）、共创图文信号（UCG）以及共创评分信号（UCS），上述三类产品质量信号是本文的核心解释变量。由于消费者价值共创行为以互惠为目的，负面评论会降低潜在消费者购买意愿，因此，本文在测量共创文字信号和共创图文信号两个变量时，先对 39199 条评论进行分词处理，构建出表达积极语义的关键词列表，通过计算关键词列表在房源评论中的出现次数，得到好评总量。再通过分析观察好评中是否包含照片展示，计算得到有照片展示的好评数量作为共创图文信号的测量值。最后通过将好评总量和有照片的好评数量做差，求解得到没有照片的好评数量，作为共创文字信号的测量值。由于在线评分是通过一个整体数值进行展示的，本文直接利用爬取得到的房源评分数值作为共创评分信号的测量值。

控制变量。在进行回归分析时，必须将能够对产品定价产生影响的重要变量加以控制，以此保证模型设置的准确性。首先，产品物理特征决定其能否满足消费者需求，是供给方定价的重要参考依据。在共享住宿产品中，面积（SI）、床位数（BE）、厨房数量（KI）均受到消费者关注，因此，本文将它们作为控制变量。上述三类控制变量的数据可以通过爬取小猪短租平台中的房屋面积、房屋户型以及床位数等信息直接得到。其次，共享住宿产品属于闲置资源，资源拥有者的提供方式和押金设置存在差别，这种差别会影响到潜在消费者的体验预期和产品认知，以及供给方的服务成本，因此需要考虑二者对产品定价的影响效果。本文设置出租类型（RT）这一虚拟变量表示提供方式，将有"房客独享整套房源"介绍的产品归类为整套出租，记为 1，将有"与房东分别住不同房间、可能与其他房客分住不同房间"等介绍的产品归类为非整套出租，记为 0。在押金（DE）变量的测量中，本文通过提取"押金及其他费用"中的数字信息得到具体的押金数额，作为该变量的测量值。

（三）描述性统计与相关性分析

在上述工作的基础上，为初步了解被解释变量、核心解释变量以及控制变量之间的统计性质和相关关系，本文进行描述性统计和相关性分析，计算结果如表 1 所示。首先，通过相关性分析可以发现，多数变量之间均存在较为显著的线性相关关系，这就需要在后续模型分析时，对多重共线性问题进行检验。其次，通过描述性统计可以发现，相较于其他变量，房屋面积与押金具有较强的波动性，这从侧面反映出共享住宿平台中房源类型和供给方式的多样性。

表 1　　　　　　　　　　描述性统计和相关性分析

变量	PRI	UCS	UCG	UCT	SI	RT	BE	KI	DE
PRI	1.000								
UCS	0.117**	1.000							
UCG	0.072**	0.097**	1.000						
UCT	-0.110**	0.120**	0.659**	1.000					
SI	0.666**	0.031	0.075**	-0.118**	1.000				
RT	0.574**	-0.039	-0.060*	-0.185**	0.394**	1.000			
BE	0.616**	0.042	0.055*	-0.110**	0.805**	0.270**	1.000		
KI	0.143**	0.050*	0.079**	0.096**	0.125**	-0.024	0.109**	1.000	

续表

变量	PRI	UCS	UCG	UCT	SI	RT	BE	KI	DE
DE	0. 360 **	0. 038	0. 150 **	0. 121 **	0. 226 **	0. 159 **	0. 197 **	0. 114 **	1. 000
平均值	2. 546	4. 889	3. 343	18. 260	59. 516	0. 774	1. 801	0. 920	293. 073
标准差	0. 264	0. 287	6. 085	21. 184	58. 741	0. 419	1. 483	0. 284	280. 933

注：** 表示在 0. 01 的级别（双尾），相关性显著；* 表示在 0. 01 的级别（双尾），相关性显著。

五、实　证　分　析

（一）模型构建

构建计量模型对研究假设进行验证。模型在控制房屋面积、出租类型、床位数、卫生间数和押金这些变量之后，讨论共创评分信号、共创图文信号以及共创文字信号对产品定价的作用效果，计量模型如下所示：

$$PRI_i = \beta_0 + \beta_1 UCS_i + \beta_2 UCT_i + \beta_3 UCG_i + \beta_4 SI_i + \beta_5 RT_i + \beta_6 BE_i$$
$$+ \beta_7 KI_i + \beta_8 DE_i + \varepsilon_i$$
$$(i = 1, 2, \cdots, n)$$

由于样本数据类型为截面数据，为预防异方差问题带来的统计无效性，使用 OLS 估计方法加稳健标准误完成回归分析。同时报告平均方差膨胀因子（mean vif），以判断模型是否存在严重的多重共线性问题。

（二）基准回归及结果分析

基准回归结果如表 2 所示。

表 2　　　　　　　　　　　　　　　　基准回归

自变量		因变量——共享住宿产品定价			
		模型 1	模型 2	模型 3	模型 4
核心解释变量	UCS		0. 09472 *** (0. 01362)	0. 09695 *** (0. 01385)	0. 09633 *** (0. 01384)
	UCT			− 0. 00028 * (0. 00017)	− 0. 00079 *** (0. 00027)
	UCG				0. 00265 ** (0. 00106)

续表

自变量		因变量——共享住宿产品定价			
		模型 1	模型 2	模型 3	模型 4
控制变量	SI	0.00114 *** (0.00031)	0.00114 *** (0.00031)	0.00113 *** (0.00031)	0.00110 *** (0.00031)
	RT	0.23647 *** (0.01394)	0.24026 *** (0.01382)	0.23786 *** (0.01377)	0.23779 *** (0.01383)
	BE	0.04743 *** (0.00904)	0.04676 *** (0.00898)	0.04644 *** (0.00893)	0.04634 *** (0.00907)
	KI	0.06558 *** (0.01527)	0.06181 *** (0.01490)	0.06355 *** (0.01497)	0.06405 *** (0.01493)
	DE	0.00017 *** (0.00002)	0.00017 *** (0.00002)	0.00017 *** (0.00002)	0.00017 *** (0.00002)
	constant	2.09881 *** (0.01804)	1.63881 *** (0.06880)	1.63311 *** (0.06948)	1.63927 *** (0.06952)
	样本数	1706	1706	1706	1706
	F	348.70	305.91	264.92	231.76
	R^2	0.6239	0.6344	0.6349	0.6369
	Mean VIF	1.87	1.73	1.65	1.79

注：括号中为稳健标准误，*** 表示 $p < 0.01$，** 表示 $p < 0.05$，* 表示 $p < 0.1$。

本文利用 Stata 软件展开实证分析，在确定控制变量影响显著的基础上，逐步加入三个核心解释变量，分别构建模型 1 到模型 4，并报告构建模型的 F 检验，R^2 和 Mean VIF 三个统计量的计算结果，以说明模型的联合显著性、拟合情况以及多重共线性问题，实证结果见表 2，具体分析如下。

模型 1 首先检验所有控制变量对产品定价的影响效果。计算结果显示所有控制变量均正向显著影响被解释变量，其中房源类型的影响效果最强，而押金的影响效果最弱。上述两个变量前的系数说明，在控制其他变量不变的情况下，若是供给方选定的出租方式为整套出租，产品定价平均会有 23.647% 的提高；而当供给方指定的押金每提高一元时，产品定价平均会有 0.017% 的提高。

模型 2 在控制变量的基础上加入共创评分信号，旨在分析由消费者生成的在线评分对产品定价的影响效果。计算结果显示，以数字形式显示的产品质量信号——共创评分信号对产品定价具有显著的正向作用（$\beta_1 = 0.09472$，$p < 0.001$）。进一步分析估计系数，可以发现在其他条件不变的情况下，共创评分信号每增加一个单位，产品定价平均能够有 9.472% 的

提升。

　　模型 3 在模型 2 的基础上加入共创文字信号，旨在分析仅有文字描述的消费者在线评价对产品定价的影响效果。计算结果显示，共创评分信号依旧具有显著的正向作用（$\beta_1 = 0.09695$，$p < 0.001$），但共创文字信号的作用效果不仅为负，而且显著（$\beta_2 = -0.00028$，$p < 0.1$）。这说明在其他条件不变的情况下，尤其是对于具有相同评分的共享住宿产品而言，仅有文字描述的消费评论信息会对产品定价造成负面影响。

　　模型 4 在模型 3 的基础上加入共创图文信号，旨在分析同时具有图片和文字展示的消费评论对产品定价的影响效果。计算结果显示，共创评分信号的正向作用依旧显著（$\beta_1 = 0.09633$，$p < 0.001$），而共创文字信号的负向作用效果更强更显著（$\beta_2 = -0.00079$，$p < 0.01$），新加入的共创图文信号的正向作用效果显著（$\beta_3 = 0.00265$，$p < 0.05$），且该作用效果的绝对值大于共创文字信号的对应数值。可以发现，在控制其他变量不变的情况下，仅有共创图文信号和共创评分信号能够对产品定价带来显著的正向影响。

　　综上所述，基于构建的模型以及实证结果，本文发现研究假设 H1、H3 和 H4 能够成立，但研究假设 H2 不成立，这就需要对 H2 不成立的原因进行进一步地分析。因此，本文在控制其他变量不变的情况下，通过向模型 1 中依次加入共创文字信号和共创图文信号，构建模型 5 和模型 6，并结合前文计算出的模型 3 和模型 4，分析共创文字信号对产品定价产生负向作用的原因，计算结果如表 3 所示。

表 3　　　　　　　　　　　　共创文字信号的负向作用原因分析

自变量		因变量——共享住宿产品定价			
		模型 3	模型 4	模型 5	模型 6
核心解释变量	UCS	0.09695 *** (0.01385)	0.09633 *** (0.01384)		
	UCT	-0.00028 * (0.00017)	-0.00079 *** (0.00027)	-0.00013 (0.00016)	-0.00066 ** (0.00028)
	UCG		0.00265 ** (0.00106)		0.00274 ** (0.00110)
控制变量	SI	0.00113 *** (0.00031)	0.00110 *** (0.00031)	0.00114 *** (0.00031)	0.00110 *** (0.00031)
	RT	0.23786 *** (0.01377)	0.23779 *** (0.01383)	0.23531 *** (0.01391)	0.23525 *** (0.01397)

续表

自变量		因变量——共享住宿产品定价			
		模型 3	模型 4	模型 5	模型 6
控制变量	BE	0.04644 *** (0.00893)	0.04634 *** (0.00907)	0.04729 *** (0.00902)	0.04718 *** (0.00916)
	KI	0.06355 *** (0.01497)	0.06405 *** (0.01493)	0.06643 *** (0.01534)	0.06693 *** (0.01530)
	DE	0.00017 *** (0.00002)	0.00017 *** (0.00002)	0.00017 *** (0.00002)	0.00017 *** (0.00002)
	constant	1.63311 *** (0.06948)	1.63927 *** (0.06952)	2.10121 *** (0.01835)	2.10448 *** (0.01842)
	样本数	1706	1706	1706	1706
	F	264.92	231.76	293.13	250.67
	R^2	0.6349	0.6369	0.6240	0.6261
	Mean VIF	1.65	1.79	1.75	1.89

注：括号中为稳健标准误，*** 表示 $p < 0.01$，** 表示 $p < 0.05$，* 表示 $p < 0.1$。

模型 5 的计算结果显示，在控制其他变量的情况下，共创文字信号与产品定价之间的负向作用关系并不显著（$\beta_2 = -0.00013$，$p > 0.1$）。但基于模型 3、模型 4 和模型 6 的计算结果可以发现，当逐步向模型中加入共创图文信号和共创评分信号后，共创文字信号对产品定价的负向作用效果就会变得显著，这说明当共享住宿产品之间具有相同的房源评分、图文评论数量时，仅有文字描述的评论的增多会对产品定价产生显著的负向作用效果，并且当房源评分和图文评论数量均相同时，文字描述评论对产品定价的负向作用效果最强。但是在共享住宿产品之间的房源评分和图文评论不相同的情况下，仅有文字描述的评论数量变化对产品定价的作用效果不显著。对上述结果进行解释，本文认为由于共享住宿平台隔绝了产品的物理属性，潜在消费者只能通过网络平台中提供的信息来判断产品质量，进而做出消费决策。一般而言，积极评论和高评分都会促进潜在消费者做出购买决策，生成信号价值，供给方可以据此制定更加合理的产品定价。但是由于共享住宿平台中的在线评论系统可以同时发布图片和文字两类信息，这就使得在具有相同的图文评论和房源评分的情况下，过多的文字评论会导致信息过载，反而会提高消费者的感知不确定性，使其产生"刷单""评论不实"的认知，负向作用于购买意愿。当供给方意识到过多由文字评论造成的负面影响后，为了降低该影响，需要增大房源获得的图文并茂的评论数量和整体评论得分，这就需要刺激更多潜在消费者选购，而同类产品的相似性使得供给方不得不采取适当降价的方式以换取消费评价的改善。进一步分析作用效果，可以发现共创文字信号对产品定价的负向影响效果较小，根据模型 3 的计算结果，在控制其他变量不变的情况下，共创文字信号每增加一个单位，即增加一条文字评论，产品定价会平均下降 0.079%，这对于定价范围大部分在 100 元与 1000 元之间的共享住宿产品来讲是一个较小的变动幅度。

（三）稳健性检验

本文通过分类别子样本回归检验估计结果在假设模型中的稳健性（见表 4）。根据产品在共享住宿平台中获取的标签类型，将抽取得到的北京市样本房源划分为含有"优品、商旅首选"标签的优质房源（477）和没有"优品、商旅首选"标签的普通房源（1229）两类，构建模型 7 和模型 8，并利用 Stata 软件使用 OLS 方法和稳健标准误完成计算，全样本回归（模型 4）和分样本回归结果列示在表 4 当中。根据计算结果可以看到，三类核心解释变量共创评分信号、共创图文信号以及共创文字信号对产品定价的作用方向均相同、作用效果也都显著。仅在分析平台优质房源的影响因素时，控制变量厨房数量对产品定价的作用效果不显著，但是作用方向依旧与其他两个模型相同。因此，稳健性回归和基准回归结果大体一致，这说明本文提出的估计模型具有一定的稳健性。

表 4　　　　　　　　　　　　　　　稳健性检验

自变量		因变量——共享住宿产品定价		
		模型 4	模型 7	模型 8
核心解释变量	UCS	0.09633 *** (0.01384)	0.08885 *** (0.0152)	0.12190 *** (0.02827)
	UCT	−0.00079 *** (0.00027)	−0.00084 ** (0.00039)	−0.00112 *** (0.00034)
	UCG	0.00265 ** (0.00106)	0.00384 ** (0.00187)	0.00258 ** (0.00102)
控制变量	SI	0.00110 *** (0.00031)	0.00103 *** (0.00035)	0.00137 *** (0.00047)
	RT	0.23779 *** (0.01383)	0.24031 *** (0.0159)	0.21739 *** (0.02488)
	BE	0.04634 *** (0.00907)	0.04834 *** (0.00935)	0.03544 * (0.01958)
	KI	0.06405 *** (0.01493)	0.06173 *** (0.0161)	0.04068 (0.03766)

续表

自变量		因变量——共享住宿产品定价		
		模型 4	模型 7	模型 8
控制变量	DE	0.00017 *** (0.00002)	0.00021 *** (0.00002)	0.00010 *** (0.00002)
	constant	1.63927 *** (0.06952)	1.66033 *** (0.07633)	1.59769 *** (0.13892)
	样本数	1706	1229	477
	F	231.76	195.68	56.83
	R^2	0.6369	0.6463	0.6071
	Mean VIF	1.79	1.74	2.01

注：括号中为稳健标准误，*** 表示 $p < 0.01$，** 表示 $p < 0.05$，* 表示 $p < 0.1$。

六、结论与讨论

（一）研究结论

本文基于价值共创理论和信号理论，将消费者价值共创行为在共享住宿平台中生成的产品质量信号划分为共创评分信号、共创图文信号以及共创文字信号三种类型，进而分析上述质量信号对供给方产品定价的异质性影响效果。基于理论分析和实证检验，本文发现由平台整理后发布的消费者综合评分（共创评分信号）和图文并茂的消费者评论（共创图文信号）对共享住宿产品定价具有显著的正向作用。但是在同时控制上述两个变量或者其中之一后，仅包括文字描述的消费者评论（共创文字信号）对共享住宿产品定价具有显著的负面作用。究其原因，本文认为对于特征相似的共享住宿产品，在可以提供图片进行佐证的情况下，仅包含文字描述的评论增多反而会提升潜在消费者的感知风险，对其购买决策产生负向影响，进而使得供给方不得不采取低价策略对冲该影响。

（二）研究贡献

第一，为供给方在制定产品价格时考虑信号价值提供支持。信号价值源于消费者价值共创行为生成的异质性产品质量信号对潜在消费者需求产生的作用。由于需求变化会影响到产品定价，因此，本文以价值共创理论为基础，并结合信号理论分析产品质量信号与定价之间存在的作用关系，相应的研究成果能够为供给方优化产品定价提供理论和实践支持。

第二，揭示三类产品质量信号对定价产生的异质性影响效果。消费者价值共创行为能够产生共创图文、共创文字和共创评分三类产品质量信号，其中由于共创图文信号兼具主客观描述，可以对房源进行更加全面的补充介绍；共创评分信号以数字形式展示，能够进行横向比较，这使得二者相较于共创文字信号，对共享住宿产品定价的正向作用更加显著。

第三，丰富了共享经济中价值共创理论的研究成果。通过对交易后的消费者价值共创行为展开研究，对当下研究中大多关注交易前和交易中的价值共创行为进行补充。同时以共享住宿为研究背景，为后续共享经济中价值共创行为的相关研究提供有益的启示。

（三）实践启示

对于共享住宿产品供给方而言，随着市场交易规模的扩大和交易环境的变化，其在产品定价时应当充分考虑消费者价值共创行为带来的异质性影响效果。分析发现，由消费者价值共创行为生成的三类产品质量信号——共创文字信号、共创图文信号以及共创评分信号，对产品定价的作用效果并不都是正向显著的。这就使得供给方在制定产品价格时，需要区别对待三类产品质量信号产生的影响。具体来看，供给方可以根据共创评分信号和共创图文信号的增多，对产品定价进行适当的正向调整，但对于共创文字信号的增多，则需要谨慎调整产品价格。由于消费者价值共创行为是对供给方优质服务的互惠性反馈，因此，为更加合理地提升产品定价以增加经营业绩，供给方应当在交易的各个阶段依据消费者需求提供个性化服务，使其感到宾至如归，并且鼓励消费者在服务体验过程中拍照留念，以此刺激消费者在交易后同时给出高分好评和图文并茂的体验描述。

对于共享住宿平台企业而言，由于其通过按比例收取交易费用获取经济价值，这就使得交易规模的增加对于平台价值提升具有积极效果。研究发现，由消费者价值共创行为生成的共创图文信号和共创评分信号，能够从第三方角度对共享住宿产品进行补充展示，在刺激潜在消费者购买决策的同时，对供给方产品定价产生显著的正向影响。因此，为有效获取更多收益，平台可以采取如下措施。首先，通过改进评论奖励规则刺激消费者在给出文字好评的同时附加图片展示，这样既能够降低潜在消费者的信息不对称性，又可以为供给方提升产品价格给予支持。其次，通过提供共享住宿产品基本评分标准，帮助消费者通过在线评分系统给出更加真实可比的房源分数，使其能够更好地服务于供需双边用户。最后，通过完善平台中各个模块的设置以营造良好的交易环境。如采取加设问答模块、创建推荐模块等方式刺激消费者价值共创行为的发生，促进市场对供给方展开正向选择，进而支持共享住宿行业稳健发展。

（四）不足与展望

在现有分析的基础上，本文尚存在一些不足之处需要补充完善。其一，本文主要利用小猪短租中的数据，后续研究可以通过加入爱彼迎、途家等平台中的数据，通过多平台中房源的比较分析，更深一步挖掘由消费者价值共创行为生成的产品质量信号的作用效果。其二，本文主要的研究场域为共享住宿，后续研究可以将其扩展到共享经济中的其他业态当中，分析共享出行、共享知识等平台中消费者价值共创行为的效应。其三，本文主要利用截面数据展开分析，后续研究可以加入时间变量，对消费者价值共创行为的影响效果展开动态分析。

参 考 文 献

[1] 陈子燕、邓丽：《短租市场租赁平台定价机制研究——基于不同房东类型的分析》，载《价格理论与实践》2019 年第 5 期。

[2] 池毛毛、潘美钰、晏婉暄：《共享住宿中房客可持续消费行为的形成机制研究——用户生成信号和平台认证信号的交互效应》，载《旅游学刊》2020 年第 7 期。

[3] 贺明华、梁晓蓓：《共享经济模式下平台及服务提供方的声誉对消费者持续使用意愿的影响——基于滴滴出行平台的实证研究》，载《经济体制改革》2018 年第 2 期。

[4] 何为、李明志：《电子商务平台上的信息不对称、交易成本与企业机制的运用》，载《技术经济》2014 年第 6 期。

[5] 黄奕林：《信号经济理论的发展》，载《经济学动态》1998 年第 1 期。

[6] 李昂、赵志杰：《基于信号传递理论的在线评论有用性影响因素研究》，载《现代情报》2019 年第 10 期。

[7] 廖俊云、黄敏学：《基于酒店销售的在线产品评论、品牌与产品销量实证研究》，载《管理学报》2016 年第 1 期。

[8] 牛阮霞、何砚：《基于特征价格模型的共享住宿平台房源价格影响因素研究》，载《企业经济》2020 年第 7 期。

[9] 孙楚、曾剑秋：《共享经济时代商业模式创新的动因与路径——价值共创的视角》，载《江海学刊》2019 年第 2 期。

[10] 肖俊极、刘玲：《C2C 网上交易中信号机制的有效性分析》，载《中国管理科学》2012 年第 1 期。

[11] 王宇、魏守华：《网络交易市场中第三方标记的有效性研究——基于信号传递理论的一个解释》，载《管理评论》2016 年第 9 期。

[12] 王春英、陈宏民：《共享短租平台住宿价格及其影响因素研究——基于小猪短租网站相关数据的分析》，载《价格理论与实践》2018 年第 6 期。

[13] 王保乾、邓菲：《共享经济中的短租房均衡价格——基于个人微观数据与混合 Logit 模型》，载《产经评论》2018 年第 3 期。

[14] Camilleri, J., Neuhofer, B., and Levent, A., 2017: Value Co - Creation and Co -

Destruction in the Airbnb Sharing Economy, *International Journal of Contemporary Hospitality Management*, Vol. 29, No. 9.

[15] Kirmani, A. and Rao, A. R., 2000: No Pain, No Gain: A Critical Review of the Literature on Signaling Unobservable Product Quality, *Journal of Marketing*, Vol. 64, No. 2.

[16] Liang, S., Schuckert, M., and Chen, C., 2017: Be a "Superhost": The Importance of Badge Systems for Peer – to – Peer Rental Accommodations, *Tourism Management*, Vol. 60.

[17] Marchenko, A., 2019: The Impact of Host Race and Gender on Prices on Airbnb, *Journal of Housing Economics*, Vol. 46.

[18] Nadeem, W., Juntunen, M., and Hajli, N., 2020: Consumers' Value Co – Creation in Sharing Economy: The Role of Social Support, Consumers' Ethical Perceptions and Relationship Quality, *Technological Forecasting and Social Change*, Vol. 151.

[19] Spence, M., 1973: Job Market Signaling, *The Quarterly Journal of Economics*, Vol. 87, No. 3.

[20] Siering, M., Muntermann, J., and Rajagopalan, B., 2018: Explaining and Predicting Online Review Helpfulness: The Role of Content and Reviewer – Related Signals, *Decision Support Systems*, Vol. 108.

[21] Thaichon, P., Surachartkumtonkun, J., and Alabastro, A., 2020: Host and Guest Value Co – Creation and Satisfaction in A Shared Economy: The case of Airbnb, *Journal of Global Scholars of Marketing Science*, Vol. 30, No. 4.

[22] Vargo, S. and Lusch, R., 2004: Evolving to A New Dominant Logic for Marketing, *Journal of Marketing*, Vol. 68, No. 1.

[23] Wang, D. and Nicolau, L., 2017: Price Determinants of Sharing Economy Based Accommodation Rental: A Study of Listings from 33 Cities on Airbnb. com, *International Journal of Hospitality Management*, Vol. 62.

[24] Wikström, S., 1996: The Customer as Co – Producer, *European Journal of Marketing*, Vol. 30, No. 4.

[25] Williams, J. and Aitken, R., 2011: The Service – Dominant Logic of Marketing and Marketing ethics, *Journal of Business Ethics*, Vol. 102.

[26] Yao, B., Qiu, R., and Buhalis, D., 2019: Standing out from the Crowd – An Exploration of Signal Attributes of Airbnb Listings, *International Journal of Contemporary Hospitality Management*, Vol. 31, No. 12.

[27] Yi, Y. and Gong, T., 2013: Customer Value Co – Creation Behavior: Scale Development and Validation, *Journal of Business Research*, Vol. 66, No. 9.

[28] Zhang, T., Jahromi, M., and Kizildag, M., 2018: Value Co – Creation in A Sharing Economy: The End of Price Wars?, *International Journal of Hospitality Management*, Vol. 71.

Will Quality Signal in Sharing Accommodation Platform Affect Product Pricing？

—Research Perspective Based on Consumer Value Co-creation Behavior

Bo Wang　　*Ting Jia*

Abstract：In the sharing accommodation platform，consumers can use value co-creation behavior to form three kinds of different product quality signals：co-creation score，co-creation graph-text and co-creation text，generating signal value by influencing potential consumers' purchase decisions. In order to make a more reasonable product price，suppliers need to consider the effect of the consumers' value co-creation behavior. Randomly selecting the houses which in Beijing from piggy short rent as sample to carry out empirical research，the results show that under the control of other variables unchanged，the co-creation score signal and co-creation graph-text signal can have a significant positive impact on product pricing，but the effect of co-creation text signal is negative. Therefore，when setting product's price，suppliers should fully consider the heterogeneous impact of product quality signals which generated by consumer value co-creation behavior，and platform enterprises need to innovate the communication channels between consumers，so as to promote the healthy and sustainable development of sharing accommodation industry.

Keywords：Quality Signal　Value Co-creation　Product Pricing　Sharing Accommodation

JEL Classification：M31　Z33

中间品进口多元化、产品关系
与中国出口企业技术创新

李　平　孙明雪[*]

摘　要： 本文利用 2000~2007 年中国工业企业和海关数据，考察了中间品进口多元化对中国出口企业技术创新的影响。研究发现，中间品进口多元化显著促进了中国出口企业技术创新水平的提升，这种促进作用的产生既得益于进口中间品种类多元化也得益于来源地多元化。进一步研究显示，作用结果因企业贸易方式、进口来源地属性和出口目的地属性不同而有所差异。此外，从企业进口中间品与自身生产品间的替代与互补关系入手，通过中介效应模型探究中间品进口多元化对出口企业技术创新产生影响的传导机制，发现中间品进口多元化主要是通过产品间替代关系的显现来帮助企业实现专业化生产，打造核心竞争力，进而促进出口企业技术创新水平的提升。

关键词： 中间品进口多元化　产品关系　专业化生产　技术创新

一、引　　言

随着"扩大进口"战略的实施，中国进口贸易已经进入了一个快速发展的新阶段，逐步实现由"卖全球"到"买全球"的转变。据国家统计局统计，新中国成立之初，即 1950 年我国进口总额仅为 21.3 亿元，进口贸易发展尚处于起步阶段。但自改革开放以来，我国不断拓展对外开放的广度，挖掘对外开放的深度，尤其是入世以后贸易自由化进程不断深入推进，为我国进口贸易的跨越式发展创造了条件。据海关总署统计，1978~2021 这四十多年间，我国进口总额从 187.4 亿元增加至 17.37 万亿元，已成为全球第二大进口市场。从进口品结构来看，我国中间品进口占比在 1995 年就高达

---

* 本文受山东省社会科学规划研究项目"全面开放新格局、资源配置效率与山东省 TFP 提升路径研究"（19BYSJ24）资助。

感谢审稿人的专业修改建议！

李平：山东理工大学经济与管理学部；地址：山东省淄博市张店区共青团路 88 号，邮编 255000；E-mail：lipingsdut@ 163. com。

孙明雪：山东理工大学经济学院；地址：山东省淄博市张店区共青团路 88 号，邮编 255000；E-mail：sunmingxue2021@ 163. com。

67.61%，到 2020 年更是上升到 75.71%[①]，中间品进口始终占据我国进口总量的绝大多数这一事实不容置疑，这不仅与"入世"后进口关税大幅下降有关，也与我国为鼓励加工贸易的发展对进口中间品给予免税待遇的政策有关（余森杰、袁东，2016）。值得注意的是，我国目前对于高端设备与关键零部件等高技术产品的需求仍主要靠进口来满足，面临着严重的"卡脖子"问题，而且自入世以后我国来自长期居于我国进口贸易前六位的贸易伙伴国或地区[②]的进口额占我国进口总额的比重稳定在 40% ~ 50% 的水平，2002 年更是高达 57.49%，进口来源地的集中会使多元化产品的引入受到限制，也不利于防范和化解贸易风险。这种对高技术产品的过度依赖行为不仅会使企业丧失自主研发创新的动力，而且一旦遭遇外国的"断供"或制裁，中国众多产业将面临重大创伤。对进口贸易，尤其是中间品进口贸易发展关注度逐渐提高的同时，对出口贸易发展过程中存在的问题也不容忽视。从自身发展角度来看，出口贸易的蓬勃发展的确在很长一段时间内为我国带来了丰厚的外汇储备，促进了经济的高速增长，但基于我国人均资源储备远不及世界平均水平的现实情况，"以资源换资金"的持续高强度输出的贸易发展方式并不是促进经济增长与发展的长久之计，而且我国长期奉行的出口导向型经济是建立在"人口红利"的基础上，依靠大量廉价劳动力从事简单的加工生产来吸引外国资本，赚取微薄利润，存在着出口产品技术含量较低、缺乏核心竞争力的问题（李坤望、王有鑫，2013）。此外，从当前波谲云诡的国际环境来看，我国在发展壮大的同时面临的外部经济环境充满着挑战，具体表现为以美国为首的发达国家开始对我国实行贸易保护主义，例如，对我国出口商品加征关税等，导致我国的出口贸易受到了一定的限制，出口的主动权并没有牢牢地掌握在自己手中。

　　基于我国中间品进口占比长期存在绝对优势以及出口贸易发展面临内外压力的事实，不禁引人思考：进口中间品究竟能为中国经济和贸易的发展带来哪些益处？目前已有众多学者对此问题进行了从宏观层面到微观层面的广泛探究，例如，进口中间品对中国全要素生产率（初晓、李平，2017）、出口行业高质量发展（魏方等，2021）、企业出口产品质量（许家云等，2017）等影响的研究。此外，对于进口中间品可以通过哪些渠道发挥其作用这一问题，学者们也进行了较为全面的解答，具体概括为以下几点：一是技术溢出效应（Romer，1990；Coe and Helpman，1995；李淑云、李平，2018），进口的中间品往往蕴含着较为先进的技术，企业在使用或加工过程中对进口的中

---

① 数据来自 UN COMTRADE 数据库，并参照联合国 BEC 产品最终用途分类标准计算得到，数据可得年份为 1995 ~ 2020 年。根据 BEC 分类，"111""121""21""22""31""322""42""53"类商品属于中间品。

② 长期居于我国进口贸易前六位的贸易伙伴国或地区具体包括：韩国、中国台湾、日本、美国、澳大利亚和德国。

间产品所蕴含的技术进行学习或模仿，从而实现技术创新；二是产品质量效应（Blalock and Veloso，2007；Goldberg et al.，2010；钟建军，2016），企业进口的中间品往往比国内同类产品拥有更高的质量，企业在生产过程中采用高质量的国外中间投入品会提升企业自身产品质量；三是产品种类效应（Ethier，1982；Halpern et al.，2009；钱学峰等，2011），进口中间品种类的增加可以为企业提供更多种类的中间投入品，从而促进企业全要素生产率的增长；四是进口竞争效应（Melitz and Ottaviano，2008；Goldberg et al.，2010；Bas and Strauss – Kahn，2014），对于进口竞争产生的影响多数学者认为其是通过影响价格和边际成本而实现的，因为进口中间品与本国中间品的竞争会对进口国国内生产的中间品的价格形成向下的压力，降低企业的生产成本（张翼等，2015），致使企业有更充足的资金用于生产活动的改善或产品质量的升级（李淑云、慕绣如，2017），但这种成本效应的发生并不是绝对的，例如魏浩等（2017）认为这种成本效应的发生多存在于同质产品之间，而对于异质产品来说产品间除了价格竞争还存在质量竞争。

可见，目前国内外对于中间品进口问题的研究已取得了较为丰硕的成果，研究层面不单只停留于进口中间品的数量规模，也涉及进口中间品的质量（李宏兵等，2021）、种类（李小平等，2021）、来源地结构（魏浩等，2017）等多个维度。此外，不容忽视的一个现象是，当前中间品进口多元化已然成为一种趋势，经海关数据库计算可知，2000～2007年每个进口中间品的企业年平均进口产品种类数区间为1～7，年平均进口来源地个数区间为1～4，年平均贸易关系数区间为9～16，但目前学术领域对于中间品进口呈现多元化特点的研究还比较少。如何定义中间品进口多元化？本文在现有研究的基础上将其总结为三类：一是中间品进口种类多元化，体现为中间品进口种类的增加，Feenstra（1994）最早采用了进口产品净种类变化指数的测度方法，考察进口种类个数变化与进口成本份额间的替代弹性所带来的福利效应，得出进口产品种类的增加会降低进口价格指数，改善贸易条件，虽然该指标只能考察进口种类的个数变化，不能考察进口种类的属性变化，但这种通过微观贸易数据测度进口种类变化的技术方法为学者们从进口种类多元化的角度考察进口与企业行为之间的关系奠定了基础，此后，Goldberg et al.（2010）以及杨晓云（2013）等将此种方法应用于中间品进口种类变化的测度，研究得出中间品进口种类的增加会促进企业产品质量及创新能力的提升；二是中间品进口来源地多元化，体现为中间品进口来源地数量的增加，进口来源地多元化是衡量多元化水平的地域性指标，Bas and Strauss – Kahn（2014）研究了中间品进口来源地数目和分散度对企业生产率的作用，结果表明进口来源地数目越多、分散程度越高则企业生产率越高，魏浩等（2017）的研究也得出同样的结论；三是中间品进口贸易关系多元化，体现为同一产品来自多个进口来源地，Bas and Strauss – Kahn（2014）在研究中用"产品—国家（地区）"组成的数对个数来作为衡量贸易关系多元化的指标，可以理解为即使是同一 HS6 位码的中间产品，但由于其来自不同的国家（地区），则此类产品间也会存在异质性，即从不同的来源地进口同一产品也是多元化的一种表现形式，李秀芳、施炳展（2016）借鉴此方法研究了其对企业出口产品质量的影响。

综上所述，当前学者们对于中间品进口多元化的具体表现形式已经进行了较为广泛的探究，但还没有对中间品进口多元化做出一个完整的定义。本文基于以上研究并结合我国中间品进口逐渐呈现多元化特点的现实背景，将上述三种具体表现形式进行聚类，统一称为中间品进口多元化。此外，考虑到当前很少有从企业进口品与生产品间的替代互补关系角度入手，来考察中间品进口多元化如何对企业生产环节产生影响，进而促进企业技术创新水平的提高，于是本文基于此视角，着重考察中间品进口多元化是如何通过进口品与企业自身生产品间的作用关系——替代或互补，来影响出口企业技术创新。关注此问题不仅是为我国企业更好地利用国内外两种资源、两种市场，实现产业链的攀升提供经验，更是为我国如何在全球激烈的贸易竞争中争取国际流通渠道主动权、终端市场控制权提供借鉴，并对解答我国在追求贸易相对平衡的同时如何兼顾作为发展中大国的技术提升需要具有重要意义。对于本文可能存在的边际贡献总结为以下几点：一是研究视角方面，目前有关中间品进口多元化的研究较少，多数学者都是单独考察中间品进口种类或来源地等数量增加对企业行为的影响，没有综合考察或者进行对比分析，本文详细梳理了中间品进口多元化的具体表现形式，即中间品进口产品种类多元化、来源地多元化和贸易关系多元化，并研究了三者对出口企业技术创新的影响，丰富了有关中间品进口多元化的研究；二是研究内容方面，由于当前劳动和资本等生产要素的产出率增长空间逐步减小，单纯依靠生产要素使用效率的提高来促进经济增长与发展变得十分困难，亟须向优化资源配置和调整生产结构转变（杨汝岱，2015），于是本文从进口中间品与企业自身生产品间的替代与互补关系入手，考察中间品进口多元化如何影响企业内资源重新配置即企业生产产品范围调整，进而影响出口企业技术创新。这不仅能反映企业间要素配置的调整更能反映企业内要素配置的调整（易靖韬、蒙双，2018），将研究视角聚焦到了更为微观的层面。总之，聚焦于中间品进口多元化对出口企业技术创新的影响问题，为中国对外贸易发展从规模扩张到质量效益提高转变提供了新的研究视角，并对我国如何利用中间品进口多元化来实现从制造业大国向制造业强国转变，从出口大国向出口强国转变提供了理论借鉴。

本文其余部分安排如下：第二部分是机制分析；第三部分为计量模型构建和数据指标说明；第四部分为回归结果及具体分析，其中包括基准回归分析、稳健性检验分析和异质性检验分析；第五部分为机制检验；第六部分是文章的结论及政策建议。

二、机 制 分 析

本部分在现有研究的基础上，从企业进口中间品与自身生产产品之间的替代与互补关系入手，分析中间品进口多元化对我国出口企业技术创新的影响路径。本文认为产品间相互作用关系的产生会对企业生产环节产生影响，引发企业内资源的重新配置，进而影响企业技术创新水平的提升。具体分析如下：

（一）中间品进口多元化、产品间替代关系与出口企业技术创新

企业进口中间品多元化表现出的丰富的产品种类和广泛的来源地，预示着进口产品市场充满着竞争，主要包括价格竞争和质量竞争（Eckel and Neary，2010），这会导致企业在进口时拥有更多的机会去选择"价低"或是"质好"的产品。当企业可以通过进口渠道获取"性价比"较高的中间品来满足其生产需要时，就会放弃自己生产同类产品，进而对企业生产产品范围产生影响，引发企业内资源重新配置，这是因为进口引发的产品竞争不仅存在于进口的不同产品之间，也存在于进口的产品与企业自身生产的产品之间。中间品进口多元化引发企业进口品替代自身生产品，会对企业技术创新水平的提升产生外来压力。具体来看，价格竞争和质量竞争的作用原理如下：

首先，从价格竞争的角度看，企业进口中间品的种类和来源地实现多元化可以为企业提供价格较低的进口中间品用之于企业的生产，进而来替代企业本身生产的不具价格优势的同类产品。产品价格竞争不仅存在于进口的不同产品之间，使企业可以从进口市场中选择进口价格较低的产品投入生产，实现进口成本的节约；也存在于进口的产品与企业自身生产的产品之间，当进口中间品的价格要比自己生产此类产品的成本低时，企业会放弃自己生产该类产品而选择进口，实现生产成本的节约，并将生产要素从低效率生产中解放出来。综合两方面来看，企业很有可能将趋于专业化生产后节约的成本和节余的生产要素用于研发投入，促进企业技术创新水平的提高。

其次，从质量竞争的角度看，企业扩大中间品进口的种类或拓宽进口中间品来源地的数量，会为企业进口高质量中间品提供广泛的渠道和选择，外来高质量产品的冲击会造成企业自身生产的不具质量优势的产品被淘汰出生产环节，于是包括机器设备、人力资本、劳动力、资金等多种生产资料被解放出来，这种缩减外围产品、主抓核心产品的生产模式不仅可以使企业集中资源进行核心产品的生产，打造出具有出口竞争力的优势产品，同时也会对企业产生激励效应，企业不甘落后，加大研发力度，努力提质增效，创造更

高技术水平，争取在出口市场中占据一席之地。

总之，无论是价格竞争还是质量竞争，中间品进口多元化都会使企业自身生产的不具优势的产品遭到替代而被挤出市场，企业产品生产范围缩减，进而形成专业化的生产模式。这一过程中所产生的成本节约、生产要素解放和竞争激励都会促使企业集中优势资源，主抓核心产品技术升级，进而促进出口企业技术创新水平的提升和核心竞争力的形成。

（二）中间品进口多元化、产品间互补关系与出口企业技术创新

进口中间品种类的增加或来源地的拓展不仅会造成产品间竞争效应的显现和生产环节替代关系的产生，也会造成生产环节互补关系的产生。具体来看，首先，中间品进口多元化为企业带来了种类丰富的异质中间品，可以弥补企业因生产资料短缺而无法生产某种产品的问题，这为企业进行新产品的生产与研发提供了更多机会。其次，考虑到中间品进口多元化带来的高质量产品往往蕴含着较高的技术，企业将进口的产品直接投入生产中可以帮助企业将外部知识转化为企业自身的创新能力，降低研发的分散性和风险性，生产出具有高技术的最终品，实现企业技术创新水平的提高。另外，互补中间品的投入，为企业创造了新的生产环节，这种多样化生产模式会吸引劳动力、资金、技术、人力资本等生产要素的流入，为企业的技术创新提供条件支持。

因此，中间品进口多元化可以为企业提供互补性生产资料，并通过技术外溢和吸引要素流入等途径帮助企业生产出原本不能生产的高质量产品，进而促进企业技术创新水平的提升。但值得注意的是，并非所有企业都有实力利用互补中间品创造新的生产环节，进而从事多样化生产，因为多样化生产不利于企业规模经济的形成（易靖韬、蒙双，2018），短期内会造成生产成本增加、资源配置分散、核心优势被削弱等问题，甚至不利于企业的生存。由此看来，中间品进口多元化为企业提供生产互补产品，帮助企业实现多样化生产是有一定条件的，这取决于企业能否承担扩展产品生产范围的成本，是否有"兼收并蓄"的配套条件和承担分散风险的企业实力等因素。

三、模型构建及指标说明

（一）模型构建

本文构建的计量模型如下：

$$cxmjd_{it} = \alpha_0 + \alpha_1\, impvariety_{it} + \alpha_2\, control_{it} + v_i + v_t + \varepsilon_{it} \qquad (1)$$

式（1）中，下标 i 和 t 分别表示企业和年份。$cxmjd_{it}$ 为企业 i 在 t 年的创新密集度，用它来衡量出口企业的创新水平。$impvariety_{it}$ 为企业中间品进

口多元化的衡量指标，其包括进口中间品贸易关系多元化、产品种类多元化和来源地多元化，分别用hs4country$_{it}$、impzjpnum$_{it}$和imlyd$_{it}$来表示。control$_{it}$为控制变量集合，其包括资本密集度、企业盈利能力、企业年龄、企业负债率和企业现金流，分别用zbmjd$_{it}$、yl$_{it}$、age$_{it}$、debt$_{it}$和flow$_{it}$来表示。除此之外，本文还控制了企业固定效应v$_{i}$和年份固定效应v$_{t}$，以此来控制企业和时间特征对多元线性回归结果的影响，ε$_{it}$为随机扰动项。

（二）指标说明

1. 企业技术创新水平（cxmjd$_{it}$）

现有的对于企业技术创新水平的衡量指标主要有两种：一种是用企业的研发投入作为企业技术创新水平的衡量指标，其包括研发经费投入和研发人员投入；另一种是用企业新产品产值来衡量企业的创新水平。对于第一种方法有的学者认为其存在缺陷，因为创新投入转化成创新产出存在一定的时滞性，所以用研发投入来反映企业的创新水平并不准确。本文借鉴耿晔强、郑超群（2018）的方法，采用新产品产值占工业总产值的比重取对数来衡量企业的创新水平，将这一指标作为模型中的被解释变量。

2. 企业中间品进口多元化（impvariety$_{it}$）

对于企业中间品进口多元化的表现形式在此划分为三种：一种是包含了进口中间品种类多元化和进口中间品来源地多元化的贸易关系指标，采用HS4位码产品—国家对①的个数取对数（hs4country$_{it}$）来度量，只要HS4位码产品种类或者来源地任何一者发生改变，我们就认定其为一种新的贸易关系；另一种是基于进口中间品种类多元化的产品种类指标，采用进口中间品个数取对数（impzjpnum$_{it}$）来度量，即每个企业每年进口HS6位码中间品的个数取对数；还有一种是基于进口中间品来源地多元化的地域性指标，采用进口来源地个数取对数（imlyd$_{it}$）度量。

3. 控制变量

本文选取的控制变量control$_{it}$包括：（1）资本密集度（zbmjd$_{it}$），采用企业资产总额占工业总产值的比重来表示，企业的研发活动和技术效率会受到企业要素禀赋的影响，资本密集度在一定程度上反映了企业的资本要素禀赋，资本密集度越高越有利于企业的研发和创新。（2）企业盈利能力（yl$_{it}$），采用企业利润总额占工业总产值的比重来表示，一个企业的盈利能力越强，获得的利润越多，就越有能力对研发和创新活动进行投入。（3）企业年龄（age$_{it}$），采用企业当年所处年份减去开业年份加一后取对数来表示，用以控

---

① 李小平等（2021）认为相同部门内的HS6位码产品之间往往存在着关联性，这会导致企业的中间品进口多元化水平被高估，于是本文借鉴其做法构建了基于HS4位码产品层面的产品国家对指标。

制企业存活状况对企业创新的影响。（4）企业负债率（debt$_{it}$），采用企业利息支出与资产总值之比来表示。（5）企业现金流（flow$_{it}$），用企业税后利润加企业当年折旧额之和占企业总资产的比值来衡量，该指标可以反映企业的融资约束能力。

（三）数据来源与描述性分析

本文数据主要来源于中国工业企业数据库和海关数据库匹配的微观数据，样本区间为 2000 ~ 2007 年。在数据处理上，本文先将工业企业数据库与海关数据库按照企业名称进行合并，再按照邮政编码和电话号码后七位进行合并。之后，参照田巍、余淼杰（2014）的方法，删除了主要指标缺失或者为零的数据，以及违背会计准则的样本。值得注意的是，本文研究的是中间品进口多元化对出口企业技术创新的影响，因此在样本筛选过程中本文剔除了只存在进口行为的企业以及只存在出口行为的企业。另外，考虑到贸易中间商在参与贸易过程中只起到中介作用而不存在最终产品的创新行为，因此剔除了贸易中间商样本。最后，通过上述处理，本文保留了符合实证检验所需的 68272 个样本。文中所需各变量的描述性统计信息如表 1 所示。

表 1 变量的描述性统计

变量	观测值	平均值	中位数	标准差	最小值	最大值
cxmjd	68272	0.055	0	0.194	0	6.07
hs4country	68272	0.456	0.693	0.471	0	1.946
impzjpnum	68272	1.143	1.099	0.926	0	4.205
imlyd	68272	2.423	2.485	1.355	0	7.228
zbmjd	68272	1.209	0.881	1.942	0.002	199.5
yl	68272	0.030	0.022	0.171	− 12.23	19.01
age	68272	2.109	2.079	0.623	0.693	7.598
debt	68272	0.008	0	0.035	− 2.63	5.484
flow	68272	0.252	0.211	0.276	− 18.91	16.59

四、回归结果分析

需要指出的是，由于基于产品—国家对的衡量方法只要 HS4 位码产品或进口来源国任一因素发生改变就意味着贸易关系的改变，实则是综合囊括了进口中间品种类的改变和中间品进口来源地的改变，因此只在基准回归中纳入 HS4 位码产品—国家对作为主要解释变量考察其对出口企业的技术创新的影响，后续部分着重研究中间品进口种类多元化和中间品进口来源地多元化对出口企业技术创新影响的不同作用效果，进行对比分析。

（一）基准回归结果及分析

表2前两列回归结果表明中间品进口贸易关系多元化对出口企业技术创新水平的提升产生正向影响，并在1%的水平上显著，说明贸易关系的扩展会促进出口企业技术创新水平的提升。观察第（1）列控制变量的回归结果可知，出口企业的资本密集度、企业的盈利能力、企业年龄和企业的负债率都对企业技术创新产生了正向的促进作用。企业的资本密集度越高，资本要素禀赋越充裕，企业实现技术升级和研发创新的物质基础就越雄厚，由此会推动企业技术创新水平的提升。企业盈利能力越强，就越有充足的资金来支持研发创新和承担研发风险。企业年龄对出口企业技术创新产生正向影响，其原因在于企业存活的时间越长就越可能拥有更多的资金和技术积累，从而更有能力开展创新活动。至于企业负债率对出口企业技术创新的影响显著为正这一结论，本文认为企业负债率过高可能是因为企业通过借贷将更多的资金投入研发创新活动中来，以求未来获得更高回报，于是导致了企业高的负债率反而促进了企业创新水平的提升，这在Bolton（1993）的研究中被证实过，其认为负债比重较大的低业绩企业反而创新能力强。企业现金流对出口企业技术创新的影响显著为负，企业现金流数值越大意味着企业外源融资受到约束的程度越强，而企业自身的内源融资很难承担起企业研发创新活动所需的投入（张杰等，2012），导致企业研发投入不足。第（2）列在加入了控制变量的基础上控制了个体固定效应和年份固定效应，以此来控制企业个体特征和时间特征对多元线性回归结果的影响，其结果显示贸易关系的多元化对出口企业技术创新的影响仍显著为正。控制变量中企业年龄对出口企业技术创新水平的影响在1%的水平上显著为负，这可能是因为随着企业生存年限的延长，企业存在组织惰性，不再注重转型和创新（余娟娟、余东升，2018）。表2第（3）、第（4）列汇报了中间品进口种类多元化对出口企业技术创新的作用效果，结果显示进口中间品种类数的增加对出口企业技术创新水平提升的作用效果显著为正。第（5）、第（6）列汇报了进口中间品来源地多元化对出口企业技术创新的影响结果，具体来看，第（5）列在加入了控制变量的基础上，进口中间品来源地个数的增加对出口企业技术创新的影响在1%的水平上显著为正，第（6）列控制了个体固定效应和年份固定效应后，其回归结果显示进口中间品来源地个数的增加对出口企业技术创新水平的影响不再显著，这可能是由于控制变量对回归结果产生了强烈的影响或者组间差异明致使正负效应抵消或抗衡，这将会在接下来的研究中进行论证与解释。

表 2 基准回归结果

变量	HS4 位码产品—国家对		进口中间品种类多元化		进口中间品来源地多元化	
	(1)	(2)	(3)	(4)	(5)	(6)
hs4country	0.003 *** (4.18)	0.005 *** (3.71)				
impzjpnum			0.030 *** (17.78)	0.005 ** (2.09)		
imlyd					0.006 *** (6.63)	0.000 (0.21)
zbmjd	0.003 *** (2.91)	0.000 (0.56)	0.003 *** (2.62)	0.000 (0.45)	0.003 *** (2.91)	0.000 (0.45)
yl	0.071 *** (6.59)	-0.002 (-0.43)	0.065 *** (6.30)	-0.001 (-0.30)	0.070 *** (6.55)	-0.001 (-0.28)
age	0.028 *** (18.22)	-0.009 ** (-2.28)	0.028 *** (18.38)	-0.009 ** (-2.25)	0.028 *** (18.07)	-0.009 ** (-2.24)
debt	0.344 *** (4.22)	0.026 (0.68)	0.335 *** (4.27)	0.027 (0.71)	0.341 *** (4.25)	0.027 (0.71)
flow	-0.038 *** (-7.67)	-0.005 *** (-2.62)	-0.039 *** (-7.73)	-0.005 *** (-2.74)	-0.038 *** (-7.65)	-0.005 *** (-2.76)
Constant	-0.010 *** (-2.89)	0.055 *** (6.95)	-0.016 *** (-5.12)	0.067 *** (9.28)	-0.010 *** (-2.95)	0.069 *** (9.50)
个体固定效应	否	是	否	是	否	是
年份固定效应	否	是	否	是	否	是
观察值数	68272	68272	68272	68272	68272	68272
R^2	0.016	0.005	0.021	0.005	0.016	0.005

注：***、** 分别表示 1%、5% 显著性水平，括号中的数值为 t 值。

（二）稳健性检验

1. 扩宽样本时间范围的稳健性检验

为了检验主要解释变量即中间品进口多元化与被解释变量出口企业技术创新之间关系的稳健性，此部分拓展了样本时间跨度并更换了被解释变量的衡量指标来进行稳健性检验。首先，由于本文选取的样本数据来自 2000 ~ 2007 年的工业企业数据库与海关数据库的匹配数据，时间较为陈旧，因此我们将时间跨度拓展至 2008 ~ 2013 年进行稳健性检验；另外，由于工业企业数据库中可以作为衡量企业技术创新指标的新产品产值的数据只统计到 2007 年，因此我们将衡量被解释变量即出口企业技术创新的指标换为专利申请数的对数来进行回归分析。本部分采用国泰安数据库中 A 股上市公司专利数据，依据年份和企业名称将其与海关数据库匹配获得企业进出口相关信息，之后再与工业企业数据库合并获得企业财务状况等信息。具体回归结果和分析如下：

回归结果显示核心解释变量的回归系数都显著为正，这与基准回归结果相一致。控制变量中，只有企业负债率对出口企业技术创新的影响结果发生了改变，即存在显著负向影响，原因可能在于企业负债率高会导致企业资金运转困难，无力支付创新所需成本，从而不利于企业的技术创新（Nam et al.，2003）。其他控制变量只有显著性发生了改变，系数符号没有变化，因此总体来看通过了稳健性检验。

拓展样本时间范围的稳健性检验回归结果，如表3所示。

表3　　　　　　　　　　拓展样本时间范围的稳健性检验回归结果

变量	进口中间品种类多元化			进口中间品来源地多元化		
impzjpnum	0.324 *** (4.38)	0.197 *** (2.72)	0.166 * (1.81)			
imlyd				0.048 *** (10.23)	0.039 *** (8.23)	0.025 *** (2.60)
zbmjd		0.065 *** (3.37)	0.031 (1.29)		0.058 *** (3.24)	0.004 (0.19)
yl		0.722 *** (4.36)	−0.031 (−0.18)		0.547 *** (3.10)	0.125 (0.84)
age		−0.020 (−0.35)	−0.208 (−1.06)		−0.064 (−1.22)	−0.111 (−0.64)
debt		−5.213 *** (−5.04)	−1.825 * (−1.71)		−4.479 *** (−4.79)	−2.002 ** (−2.11)
flow		−0.042 *** (−3.79)	−0.006 * (−1.71)		−0.040 *** (−3.13)	−0.006 ** (−1.79)
Constant	2.350 *** (44.81)	0.750 *** (3.09)	2.468 *** (3.42)	2.175 *** (53.53)	0.926 *** (4.24)	1.906 *** (2.93)
个体固定效应	否	否	是	否	否	是
年份固定效应	否	否	是	否	否	是
观察值数	1465	1465	1465	1465	1465	1465
R^2	0.013	0.083	0.097	0.057	0.105	0.097

注：***、**和*分别表示1%、5%和10%显著性水平，括号中的数值为 t 值。

2. 工具变量法解决内生性问题

此部分采用两阶段最小二乘法（2SLS）来解决 OLS 估计时可能存在的遗漏变量、反向因果等因素造成的内生性问题。选取企业层面的中间品进口关税作为工具变量，其指标构建借鉴 Feng et al.（2012）的方法，具体公式如下：

$$tariff_{it} = \sum_{h \in \omega_{it}} \alpha_{ih,aver} \tau_{ht} = \sum_{h \in \omega_{it}} (value_{ih,aver} / \sum value_{ih,aver}) \tau_{ht}$$

其中，h 表示 HS6 位码产品，ω_{it} 表示企业 i 在第 t 年进口的产品集合，τ_{ht} 表示产品 h 在第 t 年的进口关税率，$value_{ih,aver}$ 表示企业 i 在样本期内对产品 h 的平均进口额，权重 $\alpha_{ih,aver} = value_{ih,aver} / \sum_{h \in \omega_{it}} value_{ih,aver}$，为固定权重，由样本期内产品 h 的进口占企业 i 中间品总进口的平均比重来表示。从回归结果可以看出，中间品进口多元化的三种具体表现形式的回归系数依然显著为正，说明中间品进口多元化促进了出口企业技术创新水平的提升，这与基准回归结果得出的结论相一致。

两阶段最小二乘法如表 4 所示。

表 4　　　　　　　　　　　　　　　两阶段最小二乘法

变量	（1）贸易关系多元化	（2）产品种类多元化	（3）来源地多元化
hs4country	0.112 *** （11.71）		
impzjpnum		0.164 *** （14.13）	
imlyd			0.151 *** （12.56）
控制变量	控制	控制	控制
个体固定效应	是	是	是
年份固定效应	是	是	是
观察值数	67424	67424	67424
R^2	− 0.524	− 0.081	− 0.342
第一阶段 F 值	342.44 ［0.000］	786.65 ［0.000］	404.19 ［0.000］
Kleibergen – Paap rk LM	305.01 ***	1149.44 ***	422.34 ***
Kleibergen – Paap rk Wald F	342.44	786.65	404.19
First stage: tariff	− 0.022 ***	− 0.015 ***	− 0.016 ***

注：在工具变量的有效性识别问题上，Kleibergen – Paap rk 的 LM 统计量均在 1% 的水平上显著，拒绝工具变量不可识别的原假设；Kleibergen – Paap rk Wald 的 F 统计量均大于 10% 水平上的临界值，拒绝工具变量是弱识别的原假设；*** 表示 1% 显著性水平，括号中的数值为 t 值。

3. Heckman 两步法解决样本选择性偏差问题

除了上述选取工具变量解决内生性外，此部分还考虑到样本中存在大部分企业新产品产值为零的现象，即由于被解释变量观测不到而引起的样本选择性偏差问题，于是在此引入了 Probit 模型，使用 Heckman 两步法进行调整以弥补采用普通最小二乘法进行估计可能导致回归结果不准确的问题。其中，第一阶段构建了 Probit 模型，将企业的补贴收入和所缴税金作为影响企业是否会从事创新活动（新产品产值是否为 0）的排他性约束变量；第二阶段由于只有从事创新的出口企业才能观测到其创新密集度，所以在研究中间品进口多元化对出口企业技术创新影响的过程中，我们选择出口企业中新产品产值不为零的企业进行处理，并将第一阶段 Probit 估计得到的逆米尔斯比率（imr）作为一个控制变量加入第二阶段进行估计。

从回归结果可以看出逆米尔斯比率的估计结果均不显著，说明本文在考察中间品进口多元化对企业技术创新的影响时并不存在样本选择性偏差问题，基准回归结果稳健可信。因此有理由相信，中间品进口多元化对出口企业技术创新水平的提升产生了促进作用。Heckman 两步法解决样本自选择问题的稳健性检验结果如表 5 所示。

表 5　　　　　Heckman 两步法解决样本自选择问题的稳健性检验结果

变量	贸易关系多元化		产品种类多元化		来源地多元化	
	（1）Probit 模型	（2）Heckman 两步法	（3）Probit 模型	（4）Heckman 两步法	（5）Probit 模型	（6）Heckman 两步法
hs4country	− 0.100 *** （− 17.89）	0.037 *** （12.15）				
impzjpnum			0.062 *** （3.81）	0.062 *** （7.24）		
imlyd					− 0.077 *** （− 9.42）	0.039 *** （8.89）
控制变量	控制	控制	控制	控制	控制	控制
观察值数	47277	7449	47277	7449	47277	7449
R^2		0.060		0.044		0.048
imr		0.005 （0.25）		0.015 （0.84）		0.006 （0.33）

注：*** 表示 1% 显著性水平，括号中的数值为 t 值。

（三）异质性检验

此前部分考察了中间品进口多元化对出口企业技术创新的总体影响效

应，但考虑到企业不同所有制类型、进口来源地属性以及出口目的地属性可能会对影响效果产生不同的表现形式，于是进行了相关的异质性检验，来揭示中间品进口多元化对出口企业技术创新在不同维度影响的差异性表现。具体检验结果和分析如下：

1. 企业贸易方式差异

表 6 是基于企业贸易方式不同所做的异质性检验结果，我们将企业分为纯加工贸易企业、纯一般贸易企业和混合贸易企业，在回归的过程中加入了控制变量。从回归结果可以观察到，相较于只从事一般贸易的企业或混合贸易企业来说，单纯从事加工贸易的企业无论是增加进口中间品的种类还是拓展来源地数量，对其企业技术创新水平的提升都不会产生明显的促进作用。

表 6　　　　　　　　　　　基于企业贸易方式的异质性检验结果

变量	进口中间品种类多元化			进口中间品来源地多元化		
	加工贸易	一般贸易	混合贸易	加工贸易	一般贸易	混合贸易
impzjpnum	− 0.002 (− 0.71)	0.031 *** (6.36)	0.036 *** (15.60)			
imlyd				− 0.006 *** (− 5.51)	0.035 *** (11.99)	0.011 *** (8.76)
控制变量	控制	控制	控制	控制	控制	控制
观察值数	21949	12712	33611	21949	12712	33611
R²	0.005	0.030	0.019	0.006	0.041	0.015
经验 P 值		0.000 ***			0.000 ***	

注：*** 表示 1% 显著性水平，括号中的数值为 t 值；经验 P 值用于检验组间 CFLOW 系数差异的显著性，采用 SUR 估计（似无相关估计）得到。

从进口中间品种类多元化角度来看，可能是由于从事一般贸易和混合贸易的企业在利用进口中间品进行生产时更注重技术溢出效应的发挥，利用种类繁多的中间品中蕴含的各种技术进行学习、模仿，进而实现自身的技术创新，而从事加工贸易的企业只是"为出口而进口"，利用企业自身的廉价劳动力优势从事简单的组装加工再出口，相比之下并不注重学习效应的发挥，致使进口中间品种类多元化对企业技术创新的促进效应不显著。从进口中间品来源地多元化角度来看，相较于从事简单加工组装的加工贸易企业而言，从事一般贸易或混合贸易的企业更需要提高技术创新水平来构建企业竞争优势，因此对来自世界各地广泛的中间品的技术溢出更为敏感，进口来源地的拓展为企业带来更为丰富的中间品，更利于企业技术创新水平的提升；而对于从事加工贸易的企业而言，国家有一系列关税优惠及减免政策来鼓励其对关键零配件及先进生产设备的进口，单纯从事加工贸易的企业创新动力本来就低，加之进口来源地的增多会导致企业负担更多的进口成本，更不利于企业创新水平的提升。因此，进口中间品来源地多元化对从事加工贸易的出口企业技术创新产生了负向影响的原因可能是从事加工贸易的企业其微弱的学习效应对创新的正向影响无法抵消拓展来源地的成本增加对创新的负向影响。这也解释了在前述基准回归中为什么加入了控制变量和控制了个体和年份固定效应后中间品进口来源地多元化对出口企业技术创新的影响效果不显著，可能是因为从事加工贸易的企业其进口来源地多元化对出口企业技术创新的负向作用抵消或超过了从事一般贸易或混合贸易企业的正向作用。

2. 进口来源地属性差异

表 7 是基于进口来源地属性的异质性检验结果，我们将进口来源地划分为单纯来自发达国家（地区）的进口、单纯来自发展中国家（地区）的进口和两种类型国家（地区）都有的进口，在此同样加入了控制变量进行考察。回归结果显示，只从发展中国家（地区）范围内增加进口中间品的种类或拓展进口中间品来源地的数量并不会对企业技术创新水平的提升产生明显的促进作用。

具体来看，从发展中国家（地区）进口更多种类的中间品对促进企业技术创新水平提升产生的正向影响不如从发达国家（地区）和两种类型国家（地区）进口产生的正向影响显著，这是由于来自发展中国家（地区）的中间品技术含量相对较低，不能产生足够有效的技术溢出，因此其对企业技术创新的影响不像来自发达国家（地区）一样显著。从进口中间品来源地多元化角度看，在通过似无相关估计后得到的经验 P 值在 5% 的水平上显著，说明组间系数显著性和符号方向一致时可以进行数值大小的比较，由此依据回归结果可以判断，只从发展中国家（地区）范围内拓展进口中间品来源地的数量并不利于企业技术创新水平的提升，相比之下从发达国家（地区）扩展进口中间品来源地的数量对企业技术创新水平提升产生的促进作用较大，这可能是由于进口来源地属性的不同致使生产互补或产品竞争等发挥的效果不同，即来自发达国家（地区）的中间品可能弥补了国内生产要素或资源的不足，使得出口企业可以进行新产品的研发和创新，又或者来自发达国家（地区）的中间品进口所带来的技术溢出效应促使出口企业在学习模仿中创新，降低了研发风险，这种对创新的正向作用超出了扩展进口来源地数量所造成的成本上升挤占创新投入的负向效应，而来自发展中国家（地区）的进口所带来的对创新的正向影响微乎其微，不足以抵消开拓进口来源地所需要的成本负担对企业创新的负向影响。

表 7   基于进口来源地属性的异质性检验结果

变量	进口中间品种类多元化			进口中间品来源地多元化		
	发展中国家（地区）	发达国家（地区）	两种类型国家（地区）	发展中国家（地区）	发达国家（地区）	两种类型国家（地区）
impzjpnum	0.059 * （1.88）	0.018 *** （7.80）	0.047 *** （19.52）			
imlyd				− 0.016 （− 1.49）	0.012 *** （7.78）	0.007 *** （4.73）
控制变量		控制			控制	
观察值数	1666	36334	30272	1666	36334	30272
R²	0.010	0.026	0.023	0.009	0.026	0.011
经验 P 值		0.000 ***			0.014 **	

注：*** 、** 分别表示1% 、5% 显著性水平，括号中的数值为 t 值；经验 P 值用于检验组间 CFLOW 系数差异的显著性，采用 SUR 估计（似无相关估计）得到。

3. 出口目的地属性差异

表 8 是基于企业出口目的地属性的异质性检验结果，可以看出，增加进口中间品种类或来源地数量都会对出口到两种类型国家（地区）企业的技术创新产生显著的正向影响，因此企业在选择出口市场时应注重发达国家（地区）和发展中国家（地区）市场的开拓，做到两种类型市场的有机结合。

具体来看，中间品进口种类多元化对以发展中国家（地区）为出口目的地的企业来说，其对技术创新水平提升的促进作用更大。分析其原因，可能是由于本文选取的样本为 2000 ~ 2007 年的工业企业，此时段尚处于入世早期，企业对发达国家（地区）的出口仍主要建立在以资源优势和劳动力优势为主的基础上，出口到发达国家（地区）会面临更激烈的市场竞争、更严苛的产品要求以及更严格的准入标准，企业可以从中获得逆向技术溢出或竞争激励来促进企业进行创新，但多数企业不具备竞争优势，甚至在面临较高的出口成本时要考虑企业的生存问题，对待研发创新会存在"心有余而力不足"的情况，因此出口到发达国家（地区）的原本就不具备竞争优势的企业，在增加进口产品种类之后更是加剧了企业所要负担的生产成本，在贸易过程中即使有逆向技术溢出和竞争激励的产生，但企业在面对生存还是创新的抉择时还是会毫不犹豫地选择前者，因此对出口到发达国家（地区）的企业来说对技术创新水平的提升作用并不大。相比之下，出口到发展中国家（地区）的产品并没有过多的技术要求和较高的准入门槛，进入市场的成本相对较低，企业可以依靠广泛的进口产品种类选择带来的高质量中间品和蕴含在其中的技术从事研发创新，并且为了巩固企业在发展中国家（地区）市场中的地位，企业也会存在创新的动力。在考虑进口中间品来源地多元化对出口企业技术创新的影响时，那些只出口到发达国家（地区）或只出口到发展中国家（地区）的企业，其促进作用都不如将两种出口市场结合的情况下显著程度高。总之，企业对于出口市场的选择要综合考虑，既考虑发达国家（地区）市场可能带来逆向技术溢出等效果，也要考虑发展中国家（地区）市场的低进入成本等因素，做到两种市场的有机结合。

表 8　　　　　　　　　　　基于出口目的地属性的异质性检验结果

变量	进口中间品种类多元化			进口中间品来源地多元化		
	发展中国家（地区）	发达国家（地区）	两种类型国家（地区）	发展中国家（地区）	发达国家（地区）	两种类型国家（地区）
impzjpnum	0.061 *** (3.17)	0.018 *** (7.79)	0.032 *** (13.71)			
imlyd				0.014 (1.48)	0.000 (0.07)	0.007 *** (6.02)
控制变量		控制			控制	
观察值数	1024	28434	38814	1024	28434	38814
R^2	0.058	0.010	0.023	0.049	0.008	0.019
经验 P 值		0.000 ***			0.000 ***	

注：*** 表示 1% 显著性水平，括号中的数值为 t 值；经验 P 值用于检验组间 CFLOW 系数差异的显著性，采用 SUR 估计（似无相关估计）得到。

五、机　制　检　验

机制检验部分通过构建中介效应模型检验中间品进口多元化是如何通过进口中间品与自身生产品间的替代互补关系对出口企业技术创新产生影响的。其中，替代与互补关系主要是通过企业生产产品范围调整来实现的。当产品间替代关系显现时，企业会缩小产品生产范围，我们将其定义为趋于专业化生产；当产品间互补关系显现时，企业会实现新产品的创造，扩大产品生产范围，我们将其定义为趋于多样化生产，模型构建如下。

$$cxmjd_{it} = \alpha_0 + \alpha_1\ impvariety_{it} + \alpha_2\ control_{it} + \varepsilon_{it} \tag{2}$$

$$y_{it} = \beta_0 + \beta_1\ impvariety_{it} + \beta_2\ control_{it} + \varphi_{it} \tag{3}$$

$$cxmjd_{it} = \gamma_0 + \gamma_1\ impvariety_{it} + \gamma_2\ y_{it} + \gamma_3 control_{it} + \omega_{it} \tag{4}$$

其中，变量 y_{it} 为中介变量，用企业出口产品的专业化指数来进行衡量。出口产品的专业化指数是借鉴 Lopresti（2016）的做法，采用赫芬达尔指数来表示企业的专业化生产程度，专业化指数（$zyhzs_{ijt}$）的指标构建公式为：$zyhzs_{ijt} = \sum_{j \in \Omega} (sales_{ijt} / \sum_{j \in \Omega} sales_{ijt})^2$，其中 $sales_{ijt}$ 表示 i 企业 j 产品在 t 年的销售额，Ω 为企业当年所有出口产品的集合，在本文中这一指数越大则表明出口企业越倾向于专业化生产。机制检验结果及分析如下：

表 9 前三列的回归结果表明增加进口中间品的种类对出口企业生产的专业化产生了显著的正向影响，即进口中间品种类的增加会使企业缩减产品生产种类，聚焦于某一或某几种产品的生产，并且这种从事专业化的生产行为最终会促进企业创新水平的提升。这是由于中间品进口多元化不可避免地引起企业进口的中间品和生产品间的竞争，替代效应显现，使企业自身生产的不具价格或质量优势的产品被挤出市场，不仅可以实现生产成本的节约，也可以使原本利用效率不高的生产要素被解放出来，进而促使企业专攻优势产品的生产和升级，培育具有核心竞争力的优质产品，并且高质量的进口品会对企业产生激励效应，倒逼企业进行技术创新以谋求企业的生存和发展。因此，产品间替代效应的产生会帮助企业实现生产成本的节约、生产要素的集聚以及倒逼创新意识的产生，进而促进企业技术创新水平的提升和出口竞争力的形成。另外，观察表 9 中后三列的回归结果可以判断中间品进口来源地多元化对我国出口企业的专业化生产并没有产生正向影响，产品间的替代效应并没有显现，不会对企业技术创新水平的提高产生促进作用。

表 9   机制检验结果

变量	进口中间品种类多元化			进口中间品来源地多元化		
	（1）	（2）	（3）	（4）	（5）	（6）
	cxmjd	zyhzs	cxmjd	cxmjd	zyhzs	cxmjd
impzjpnum	0.030 *** (17.78)	0.022 *** (9.54)	0.030 *** (17.57)			
imlyd				0.006 *** (6.63)	− 0.015 *** (− 13.20)	0.006 *** (6.92)
zyhzs			0.014 *** (5.50)			0.017 *** (6.61)
观察值数	68272	68272	68272	68272	68272	68272
R²	0.021	0.006	0.021	0.016	0.007	0.017

注：*** 表示 1% 显著性水平，括号中的数值为 t 值；经验 P 值用于检验组间 CFLOW 系数差异的显著性，采用 SUR 估计（似无相关估计）得到。

总之，我们通过中介效应检验可以得出中间品进口种类多元化会造成企业进口中间品与自身生产品间替代效应的显现，促使企业实现专业化生产，打造核心竞争力，进而促进出口企业技术创新水平的提升。

六、结论和政策建议

本文使用中国工业企业数据库和海关数据库的微观数据，研究了中间品进口多元化对我国出口企业技术创新的影响。经实证检验发现，中间品进口多元化能显著促进我国出口企业技术创新水平的提升，并且这种正向作用的产生既得益于进口中间品种类多元化也得益于进口来源地多元化。异质性检验结果表明，首先，从企业贸易方式的角度来看，对于只从事加工贸易的出口企业来说，进口中间品多元化并没有促进企业技术创新水平的提升；其次，从进口来源地属性的角度来看，只从发展中国家范围内增加进口中间品的种类或拓展进口中间品来源地的数量并不会对企业技术创新产生显著的促进作用；最后，从出口目的地属性的角度来看，企业只有做到将发达国家出口市场和发展中国家出口市场有机结合，进口中间品多元化才会对企业技术创新水平提升产生较大的促进作用。机制检验结果表明，中间品进口多元化可以通过产品间替代关系的产生来实现企业内资源重新配置，进而促进出口企业技术创新水平的提升，这种促进作用的产生主要是通过企业专业化生产途径来实现的，并且中间品进口种类多元化带来的作用效果更明显。

依据本文的结论提出一定的政策参考。首先，随着我国对外开放的广度和深度不断拓展，在不断扩大进口规模的同时，我们也要注重进口种类的多元化和进口来源地的多元化选择，不要将鸡蛋放在同一个篮子里。其次，中间品进口在我国进口贸易中占有绝对分量，我们在进口中间品时应充分考虑进口中间品与自身生产品间的替代与互补关系，实现企业内资源的有效配置。在考虑节省进口成本的同时，也应注重进口中间品的质量，选择"性价比"较高的产品，考虑其能否为我国企业的研发创新活动提供借鉴或激励。另外，我国出口贸易的发展应"重质大于重量"，即注重提升出口产品的技术含量和出口附加值，鼓励企业从事研发创新活动，提高资源利用效率，在利用进口中间品多元化的过程中主动调整企业的经营策略，形成核心竞争优势，培育不可替代产品，在出口贸易中掌握定价权。与此同时，也要注重出口目的地的选择，积极响应国家的"一带一路"等倡议，挖掘广大发展中国家或地区的市场潜力，在企业能力承受范围内积极开拓海外市场。总之，在国际贸易充满不确定性的今天，我们应化"被动进口"为"主动进口"，充分利用中间品进口多元化带来的益处来助力我国出口企业在国际市场上核心竞争力的形成，为我国从出口大国向出口强国转变，从制造业大国向制造业强国转变贡献优势力量。

参 考 文 献

[1] 初晓、李平：《中间品进口对中国全要素生产率的影响——基于技术溢出的视角》，载《世界经济与政治论坛》2017 年第 4 期。

[2] 耿晔强、郑超群：《中间品贸易自由化、进口多样性与企业创新》，载《产业经济研究》2018 年第 2 期。

[3] 李宏兵、谷均怡、赵春明：《进口中间品质量、成本加成与中国企业持续出口》，载《经济与管理研究》2021 年第 6 期。

[4] 李坤望、王有鑫：《FDI 促进了中国出口产品质量升级吗？——基于动态面板系统 GMM 方法的研究》，载《世界经济研究》2013 年第 5 期。

[5] 李淑云、李平：《市场导向型 FDI、进口与企业生产率——基于中国制造业企业数据的经验分析》，载《山西大学学报》2018 年第 6 期。

[6] 李淑云、慕绣如：《中间品进口与企业生产率——基于进口产品异质性的新检验》，载《国际经贸探索》2017 年第 11 期。

[7] 李小平、彭书舟、肖唯楚：《中间品进口种类扩张对企业出口复杂度的影响》，载《统计研究》2021 年第 4 期。

[8] 李秀芳、施炳展：《中间品进口多元化与中国企业出口产品质量》，载《国际贸易问题》2016 年第 3 期。

[9] 钱学峰、王胜、黄云湖：《进口种类与中国制造业全要素生产率》，载《世界经济》2011 年第 34 期。

[10] 田巍、余淼杰：《中间品贸易自由化和企业研发：基于中国数据的经验分析》，载《世界经济》2014 年第 37 期。

[11] 魏方、王璐、张伊雯：《中间品进口关税减让对出口高质量发展的影响：来自中国工业行业的证据》，载《技术经济》2021 年第 11 期。

[12] 魏浩、李翀、赵春明：《中间品进口的来源地结构与中国企业生产率》，载《世界经济》2017 年第 6 期。

[13] 许家云、毛其淋、胡鞍钢：《中间品进口与企业出口产品质量升级：基于中国证据的研究》，载《世界经济》2017 年第 3 期。

[14] 杨汝岱：《中国制造业企业全要素生产率研究》，载《经济研究》2015 年第 50 期。

[15] 杨晓云：《进口中间产品多样性与企业产品创新能力——基于中国制造业微观数据的分析》，载《国际贸易问题》2013 年第 10 期。

[16] 易靖韬、蒙双：《贸易自由化、企业异质性与产品范围调整》，载《世界经济》2018 年第 41 期。

[17] 余娟娟、余东升：《政府补贴、行业竞争与企业出口技术复杂度》，载《财贸研究》2018 年第 44 期。

[18] 余淼杰、袁东：《贸易自由化、加工贸易与成本加成——来自我国制造业企业的证据》，载《管理世界》2016 年第 9 期。

[19] 张杰、芦哲、郑文平：《融资约束、融资渠道与企业 R&D 投入》，载《世界经济》2012 年第 35 期。

[20] 张翅、陈雯、骆时雨:《中间品进口对中国制造业全要素生产率的影响》, 载《世界经济》2015 年第 9 期。

[21] 钟建军:《进口中间品质量与中国制造业企业全要素生产率》, 载《中南财经政法大学学报》2016 年第 3 期。

[22] Bas, M. and Strauss – Kahn, V. , 2014: Does Importing More Inputs Raise Export? Firm Level Evidence from France, *Review of World Economics*, Vol. 150, No. 2.

[23] Blalock G. and Veloso F. M. , 2007: Import, Productivity Growth, and Supply Chain Learning, *World Development*, Vol. 35, No. 7.

[24] Bolton, M. K. , 1993: Organizational Innovation and Substandard Performance: When is Necessity the Mother of Innovation?, *Organization Science*, Vol. 4, No. 1.

[25] Coe, D. T. and Helpman, E. , 1995: International R&D Spillovers, *European Economic Review*, Vol. 39, No. 5.

[26] Eckel, C. and Neary, J. P. , 2010: Multi – Product Firms and Flexiblemanufacturing in the Global Economy, *Review of Economic Studies*, Vol. 77, No. 1.

[27] Ethier, W. , 1982: National and International Returns to Scale in the Modern Theory of International Trade, *American Economic Review*, Vol. 72, No. 3.

[28] Feenstra, R. C. , 1994: New Product Varieties and the Measurement of International Prices, *The American Economic Review*, Vol. 84, No. 1.

[29] Feng, L. , Li, Z. Y. , and Swenson, D. L. , 2012: The Connection between Imported Intermediate Inputs and Exports: Evidence from Chinese Firms, *NBER Working Paper*, No. 18260.

[30] Goldberg, P. K. , A. Khandelwal, and Pavcnik, N. , 2010: Multi – Product Firms and Product Turnover in the Developing World: Evidence from India, *The Review of Economics and Statistics*, Vol. 92, No. 4.

[31] Lopresti, J. , 2016: Multiproduct Firms and Product Scope Adjustment in Trade, *Journal of International Economics*, Vol. 100, No. 1.

[32] Melitz, M. I. and Ottaviano, G. I. P. , 2008: Market Size, Trade, and Productivity, *Review of Economic Studies*, Vol 75, No. 1.

[33] Nam, J. , Ottoo, E. , and Thornton, H. , 2003: The Effect of Managerial Incentives to Bear Risk on Corporate Capital Structure and R&D Investment, *Financial Review*, Vol. 38, No. 1.

[34] Romer, P. , 1990: Endogenous Technological Change, *Journal of Political Economy*, Vol. 98, No. 5.

Import Diversification of Intermediate Goods, Product Relationship and China Technological Innovation of Export Enterprises

Ping Li　Mingxue Sun

Abstract: Using the data of Chinese industrial enterprises and customs from

2000 to 2007, this paper examines the impact of the diversification of intermediate imports on the technological innovation of Chinese exporting enterprises. The study found that the diversification of the import of intermediate products has significantly promoted the improvement of the technological innovation level of Chinese export enterprises. Further research shows that the effect results are different due to the different trade methods, import source attributes and export destination attributes. In addition, starting from the substitution and complementary relationship between the intermediate goods imported by enterprises and their own products, through the mediation effect model to explore the transmission mechanism of the impact of the diversification of intermediate goods imports on the technological innovation of exporting enterprises, it is found that the diversification of intermediate goods imports is mainly through products. The emergence of the substitution relationship between them can help enterprises to achieve specialized production, build core competitiveness, and then promote the improvement of the level of technological innovation of export enterprises.

Keywords: Import Diversification of Intermediate Products　Product Relationship　Specialized Production　Technological Innovation

JEL Classification: F100　F130

第 21 卷第 1 辑　　　　　　　产业经济评论　　　　　　Vol. 21　No. 1
2022 年 3 月　　　　Review of Industrial Economics　　　　March 2022

多重目标约束与产业集聚的高质量发展效应

——一个基于央地关系的委托代理框架

纪玉俊　郭子昂[*]

摘　要：基于中央政府对地方政府的多重目标约束，分析了地方政府实现产业集聚高质量发展效应的内在激励机制与约束措施。结果表明，立足于产业集聚对增长—资源—环境的作用，产业集聚的区域发展效应与地方政府的引导方向都会在一定程度上受到政绩考核方式、财政收益率、环境规制以及经济发展水平等因素的影响。因此，在高质量发展阶段，应当推进由数量型产业集聚向质量型产业集聚的转变，中央政府在促进地方政府实现这一目标的过程中，要注意各项措施的统筹推进，针对不同经济发展水平地区施行差异化的激励和约束政策。

关键词：产业集聚　高质量发展　央地关系　多重目标约束

一、引　　言

改革开放以来，中国经济快速增长，目前已经成为世界第二大经济体；但是在取得的巨大成就的背后，区域经济发展中粗放式的经济增长方式导致了严重的资源浪费、环境污染等问题。党的十九大报告指出：我国经济已经由高速增长阶段转向高质量发展阶段，正处在转变发展方式、优化经济结构、转换增长动力的攻关期。因此，就区域经济发展而言，必须坚定不移地贯彻"创新、协调、绿色、开放、共享"的发展理念，在发展中推动产业结构升级，实现新旧动能转换，打好污染防治的攻坚战，努力解决环境污染与资源浪费的问题。中国式分权的治理模式是目前实现中国经济转型和发展的重要基础制度（Xu，2011），其对宏观战略层面和中观产业、区域等方面的

---

* 本文受山东省社会科学规划研究重点项目"海洋产业集聚推动山东海洋经济高质量发展的实现路径研究"（21BJJJ03）资助。
感谢审稿人的专业修改建议！

纪玉俊：中国海洋大学经济学院，中国海洋大学海洋发展研究院；地址：青岛市崂山区松岭路 238 号，邮编 266100；E-mail：jyj@ ouc. edu. cn。
郭子昂：中国海洋大学经济学院；地址：青岛市崂山区松岭路 238 号，邮编 266100；E-mail：guoziang@ stu. ouc. edu. cn。

高质量发展都具有重要意义。长期以来，中央政府与地方政府的关系一直对我国经济发展有着重要的影响，诸如政治"晋升锦标赛"、财政分权理论等一直将地方分权视为推动区域竞相发展经济的动力来源（李康，2019），从委托代理理论来看，上述中央政府与地方政府之间实际上形成了一种委托代理关系。

产业集聚是推动区域经济发展的重要动力，其规模效应与溢出效应对经济发展的作用已经得到了深入的理论分析和广泛的实践检验，在高质量发展阶段，产业集聚对环境与资源的影响作用也得到了学界更为广泛的关注。基于上述内容，通过央地委托代理框架，分析产业集聚的经济高质量发展效应自然就成为了题中应有之义。

关于产业集聚对经济高质量发展的影响已有相关的研究。一方面，从理论出发，分析了产业集聚对区域经济高质量发展的促进作用，其中一部分学者的研究是基于不同的地理区域，余奕杉等（2020）采用面板数据模型考察了产业集聚对长江经济带高质量发展的影响，指出产业集聚在推进经济增长的同时也促进了环境保护，类似地，还有基于宁夏（杨彬、胥冰，2020）、粤港澳大湾区（肖建辉，2020）等地区的研究。还有一部分学者的分析基于不同的产业，周凤秀、温湖炜（2019）主要研究了绿色产业，基于工业示范园分析了绿色产业集聚对经济高质量发展的影响，认为绿色产业集聚能够显著推动城市工业高质量发展，王毅、廖卓娴（2019）等基于对湖南文化产业的分析，指出升级文化产业园区、建设文化创意基地对于经济转型和高质量发展的促进作用。另一方面，部分学者的分析发现产业集聚并没有很好地促进经济高质量发展，张二震、戴翔（2019）分析了江苏开发区产业集聚的质量问题，指出目前开发区发展存在的发展理念落后、园区功能不清、体制机制不完善等问题，制约了经济的高质量发展。

由此，有学者指出产业集聚对经济高质量发展的促进作用需要具体分析。黄永明、姜泽林（2019）着眼于金融业，分析了金融结构、产业集聚对经济高质量发展的作用机制，指出金融结构对产业集聚促进高质量发展存在门槛效应，而马昱等（2020）则发现高技术产业集聚对于经济高质量发展同样存在门槛效应。杨仁发、李娜娜（2019）基于对长江经济带升级面板数据的分析，指出制造业集聚能够显著促进经济高质量发展，而服务业集聚则会抑制经济高质量发展，但是郭然、原毅军（2020）的研究发现服务业中的主要部分，即生产性服务业集聚与经济高质量发展的关系实际呈 U 形，并不是完全的抑制关系。

作为一个大国，我国经济的高质量发展与央地关系密切相关。关于央地委托代理关系，孙家成等（2014）利用辽宁省 2001～2013 年的政府绩效考评权重数据建立了回归模型，证实了上级政府绩效考核标准对下级政府工作效果的影响。进一步地，佟健、宋小宁（2018）等指出，促进地方政府全面实现经济增长、资源节约、社会公平问题的解决不能仅从绩效考核标准入手，也应进一步全面深化改革，理顺中央与地方之间的权责关系，从财税体制改革、社会保障体制改革等方面入手对地方政府实行更全面的激励和监督。

以上文献为本文提供了有益启发，但大部分研究产业集聚与经济高质量关系的文献忽视了对政府行为的研究，因此本文尝试将视角聚焦于央地关系层面，进而探讨产业集聚如何在多重目标约束下影响经济高质量发展。基于此，本文从中央政府与地方政府间的委托代理关系入手，通过构建多任务委托代理模型，研究在产业集聚对增长—资源—环境的多重作用下，如何通过不同机制以更好实现产业集聚的高质量发展效应。

本文的边际贡献主要体现在以下三方面：第一，基于不同的约束机制，建立中央政府与地方政府间的多任务委托代理模型，研究地方政府对产业集聚高质量发展效应的影响；第二，通过比较静态分析，研究中央政府对地方政府的多重目标约束，根据官员晋升、财税改革和环境治理等不同方面，分析地方政府是否存在追求产业集聚高质量发展效应的可能性以及高质量发展多任务之间的兼顾及平衡；第三，通过动态分析，研究在高质量发展战略不断推进以及区域经济发展不平衡的背景下，地方政府通过产业集聚促进经济高质量发展的行为变化，以及中央政府在激励与约束地方政府行为上的政策选择。

二、理论模型构建

（一）理论模型的构建基础

财政分权与政治集权下中央政府和地方政府间形成了一种事实上的委托代理关系，从而对地方经济增长起到了显著的推动作用。这是因为相比中央政府，地方政府能够更有针对性地提供更符合本地区居民需求和偏好的经济发展策略与公共产品，从而地方政府做出的决策往往比中央政府更具效率（刘星、文政，2008）。

上述委托代理关系背后的机制是中央政府对地方政府的激励与约束。由于中国的财政分权是建立在垂直的政治管理机制下的，所以中央政府有足够的能力对地方政府进行奖惩激励，地方政府的官员也必须追随中央的政策导向（Tsui and Wang，2004）。在这种背景下，各地方政府形成了竞争关系，在高速增长阶段，这种竞争主要围绕地区 GDP 而展开。具体来说，传统的地方政府竞争存在于两个方面：其一是财政竞争，即为最大化财政收入而竞争。每一级地方政府都有推动地区 GDP 增长从而谋求更多的财政收入、增强自身经济实力的动机，这就会使得各级地方政府竞相制定积极有为的产业政策以促进经济产出的增长（詹新宇、刘文彬，2020）。其二是晋升竞争，即地方政府官员为取得政治绩效、谋求晋升而竞争。中国以 GDP 为主的政绩考核机制和中央按照经济增长绩效来提拔官员的方式，使得地方政府官员愿意投入更多的精力在促进地区经济产出的增长上以谋求优秀的绩效和晋升的机会（周黎安，2004；Li and Zhou，2004）。

产业集聚作为推动区域经济增长的重要作用因素，其促进作用主要体现在三个方面，首先，产业集聚会细化企业内部的专业分工，提高企业的生产率，降低生产成本，带来内部规模经济；其次，产业集聚对创新和技术进步有重要影响，在地理上趋近集中的企业之间更容易产生新技术的溢出效应，从而使得产能够以较低成本享受较高的技术红利，整体产业的平均成本大大降低，带来外部规模经济；最后，产业集聚所产生的竞争效应能够帮助企业增加竞争优势，使得企业努力降低自身生产成本，提升产品和服务的质量从而实现产出的增加。在经济高速增长的阶段，地方政府通过实施积极有为的产业政策，建设产业园区、给予补贴扶持，以谋求产业集聚所带来的经济增长，从而提高地区 GDP 增长速度，增加财政收入。同时产业集聚所带来的产出增加在以 GDP 为主要政绩考核方式和晋升标准的情况下，可以使地方政府官员获得更高的晋升可能性。但是由于经济增长单一目标的考虑，地方政府在不断推进产业集聚的过程中常常会导致资源浪费与环境恶化：一方面，地方政府会通过鼓励、引导高能耗、高污染、高产出产业的空间集聚来促进经济增长，从而实现产出、税收的增加以及以产值为标准的执政绩效提高；另一方面，地方政府也会将更多行政资源聚焦在以产业集聚促进经济增长上，而在地区资源节约与环境保护问题上则关注甚少。

因此，虽然基于 GDP 增长的地方政府竞争激励机制在调动地方政府和官员发展区域经济的方面发挥了重要的历史作用，特别是在经济体制改革初期和计划体制约束相当严重的情况下，但是在经济高速增长的同时，许多结构性问题和外部性问题开始显现（周黎安，2007），具体到产业集聚层面，由集聚而引发的资源浪费、环境恶化问题也日益严重，由此上述竞争激励机制的负面影响也越来越明显。在高质量发展阶段，这一问题会变得更加突出，因此中央政府对地方政府的约束要由原有的单一目标向多重目标转化。具体而言，在高质量发展阶段，产业集聚的目标除去促进区域经济增长外，还应该在资源节约和环境保护方面起到显著的积极作用。

一方面，产业集聚能够对节约资源起到积极作用。具体而言，首先，规模效应有助于降低企业的平均成本，随着集聚程度的提高，各种生产要素的单位产出消耗将会显著降低（李思慧，2011）；其次，根据新经济地理学的相关研究，企业间的技术溢出和技术外部性是产业集聚的主要推动力，资源利用效率持续提高的实质来自技术进步和技术溢出，以分享技术溢出效应为目的的经济集聚可以促进资源利用效率的持续提高（吴利学，2009）；此外，产业集聚的竞争效应可以通过诱导制造商的价格和质量竞争来降低成本，当资源价格居高不下时，竞争效应可以形成有效的资源节约激励机制。

另一方面，产业集聚对保护环境也能起到积极作用，产业集聚区的企业大都具有相似性，其环保标准和污染治理方式往往类似，所以政府和企业对环境监督和污染治理将会更具针对性。更重要的是，产业集聚在一定情况下具有正的环境外部性效应，因为产业集聚的发展会导致竞争效应、技术进步与溢出，产业集聚技术外溢与知识共享的发展有利于促进集聚区内的企业采用更加环保的生产方式（陈建军、胡晨光，2008）。另外，竞争压力和技术进步也将推动企业积极开展环境保护，从而使得企业增强自身的差异化优势，提升自己的社会声誉（波特，2002）。

综上，本文将产业集聚的高质量发展效应界定为经济增长、资源节约和环境保护，也就是说在高质量发展背景下，地方政府通过产业集聚实现经济增长、资源节约和环境保护三目标的协同。

（二）理论模型的基本框架

基于中央政府与地方政府之间的委托代理关系，参考多任务委托代理模型（Holmstrom and Milgrom，1991）以及孙早、席建成（2015）的研究，分析通过产业集聚实现经济高质量发展的相关问题。中央政府作为产业集聚促进高质量发展目标的制定者，是委托人，地方政府负责通过产业集聚促进经济高质量发展，落实中央政策，是代理人。假设中央政府是风险中性的，而地方政府是风险厌恶型的。这是因为中央政府不存在上级约束，制定的政策致力于全国发展，在进行政策制定的时候既不会冒险也不会保守；而地方政府由于受中央政府管辖，在促进区域经济发展的同时官员也需要面临政绩评估而得以晋升，所以政策制定往往是偏向稳中求进的，不会采取冒险的政策（江孝感、王伟，2004）。

高质量发展是一个内涵复杂的概念，目前学术界主要通过两种方式来界定经济高质量发展水平。一种方法是采用多指标评价体系，利用综合评价方法对地区经济发展水平进行综合测度（李金昌等，2019）。但这一方法未考虑到不同地区之间存在的区域差异性而采用统一的评价体系来进行测度，而由于自然环境、经济现状和人文社会等方面的差异使得用多指标体系对高质量发展进行测度具有一定局限性（黄庆华等，2020）。另一种方法则是采用绿色全要素生产率对高质量发展水平进行测度，相比之下，该方法既能充分考虑经济高质量发展的增长因素、资源因素、环境因素等，又考虑到了地区间存在的区域差异性，在学术界得到了更为广泛的应用。基于此，针对本文研究的研究主题，结合产业集聚高质量发展效应的三个不同方面将其界定为：第一，增加期望产出，即通过产业集聚的规模效应、溢出效应、竞争效应促进地区经济增长，即经济增长率保持在较高水平（地方政府的任务一）；第二，降低投入，即实现资源节约型的经济发展（地方政府的任务二）；第三，减少非期望产出，即实现环境友好型的经济发展（地方政府的任务三）。

在产业集聚的三类作用中，地方政府付出的努力为 $t = (t_1, t_2, t_3)'$，其中 t_1 代表地方政府在通过产业集聚拉动地区经济增长上做出的努力，t_2 代表地方政府在通过产业集聚实现资源节约型经济发展上做出的努力，t_3 代表地方政府在通过产业集聚实现环境友好型经济发展上做出的努力。地方政府的实际努力成本与各任务的努力水平之间满足函数关系 $C(t)$：

$$C(t) = \frac{1}{2}t'\Theta t = \frac{1}{2}c_1 t_1^2 + \frac{1}{2}c_2 t_2^2 + \frac{1}{2}c_3 t_3^2 + \theta_{12}t_1 t_2 + \theta_{13}t_1 t_3 + \theta_{23}t_2 t_3 \qquad (1)$$

其中，$t = t \cdot \alpha$，$\alpha = (1, 1, 1)'$，$\Theta = \begin{bmatrix} c_1 & \theta_{12} & \theta_{13} \\ \theta_{12} & c_2 & \theta_{23} \\ \theta_{13} & \theta_{23} & c_3 \end{bmatrix}$，$c_1$、$c_2$、$c_3$ 分别

代表三项任务的努力成本系数，假定 $c_1 < c_2 < c_3$。因为在三项任务中，任务一即促进经济增长是产业集聚最主要的效益，改革开放以来，产业集聚已成为促进地区经济发展的重要"引擎"，因而地方政府在这一方面努力的成本较低；而相比较而言，产业集聚在促进任务三，即环境保护方面成本较高，环境友好型产业集聚能够有效地推进产业升级淘汰落后产能从而实现经济高质量发展，但是产业集聚的一个重要特征就是产业规模的扩张，伴随着产业规模的扩张污染物排放量可能会增加，此即为产业集聚的负环境外部性问题。如果地方政府不能对产业集聚实施有效的引导和监督，粗放型、落后型产业集聚反而会导致环境污染加剧，甚至有可能出现政府"积极引导"反而导致环境破坏的情况发生，因而该项任务努力成本较高。而对于任务二，产业集聚虽然也会导致产业规模的扩张，带来总资源消费的增加，但是并不会导致单位产出所耗费的资源增加，不会造成资源浪费，恰恰相反其规模效应与集约效应会在一定程度上降低单位投入，只不过这一效应并不如产业集聚地经济增长效应明显。参考席建成、韩雍（2019）的研究，θ_{12}、θ_{13}、θ_{23} 分别代表提高一项任务的努力所增加的在另一项任务上努力的边际成本，反映了不同任务之间的努力替代效应，且假定 $0 \leqslant \theta ij \leqslant \sqrt{c_i c_j}$。同时，根据本文研究主题，进一步假定 $\theta_{12} = \theta_{13} > \theta_{23}$，为便于后文的分析，进一步将上述三者关系表示为 $a\theta = a\theta_{12} = a\theta_{13} = \theta_{23}(0 < a < 1)$。这是因为资源节约与环境保护在一定程度上都属于生态保护的范畴，产业集聚可以通过溢出效应与集约效应实现产业升级，这一过程既有利于资源节约也有利于环境保护，因此二者之间具有一定的促进作用，也就是替代效应较小，而产业集聚的经济发展效应则更多依靠规模效应，能源密集型、产能落后型产业集聚往往牺牲生态环境为代价实现经济增长，所以经济增长与资源节约、环境保护之间的替代效应较大。

同时，地方政府在各项任务上的努力产出与各任务的努力水平之间满足函数关系式 $x = \mu(t) + \varepsilon$。其中 $x = (x_1, x_2, x_3)'$ 是地方政府的产出向量，x_1

为地方政府通过产业集聚实现地区经济增长带来的产出，x_2 为地方政府通过产业集聚实现资源节约带来的产出，x_3 为地方政府通过产业集聚实现减少污染带来的产出。$\mu(t)$ 是地方政府的投入产出函数，反映了投入与理想产出之间的关系，假设 $\mu(t) = t$。$\varepsilon = (\varepsilon_1, \varepsilon_2, \varepsilon_3)'$ 为误差项，服从正态分布 $N(0, \sigma^2)$，其中 $\sigma^2 = (\sigma_1, \sigma_2, \sigma_3)'$。$\varepsilon$ 反映了投入与理想产出之间的不确定性关系，其中 $\sigma_1 > \sigma_2 > \sigma_3$，这是因为地方政府对引导产业集聚促进经济增长的方式和措施相对非常完善，并且产业集聚依靠规模效应实现经济增长的效果一般也是较为稳定的，所以产业集聚对经济增长作用的不确定性最小；相比之下，任务二、任务三依靠产业集聚的溢出效应与集约效应，由于新技术的投入和应用包含的风险较大和实现集约化有较强的约束条件，因此不确定性较大；另外产业集聚对环境保护的作用还有可能是负向的，因此其产出效果的不确定性相对更大。

产业集聚给地方政府带来的收益主要分为两部分，即通过产业发展实现财政收入最大化和政绩最大化。一方面，地方政府有谋求财政收入最大化的动机，产业集聚高质量发展效应带来的产出增加会通过税收方式增加地方政府的财政收入。另一方面，地方政府官员有谋求晋升的动机，产业集聚带来的产业发展能够展现政绩，从而带来更高的晋升可能性（张莉等，2011）。所以在财政激励方面，假设产业集聚的财政收益率为 δ[①]，$\delta = (\delta_1, \delta_2, \delta_3)$，其中 $\delta_1 > \delta_2 = \delta_3$[②]，进一步表述为 $\beta\delta = \beta\delta_1 = \delta_2 = \delta_3$，其中 $\beta < 1$，体现环境规制对地方政府行为的约束。则通过产业集聚促进经济高质量发展带来的地方政府财政收入增加量（或财政支出的减少量）可以表示为 $N = \delta \cdot x$，其中 N 是高质量发展背景下产业集聚带来的地方政府财政收入的增量；在晋升激励方面，中央政府对地方官员的考核任务要求可以模型化为：$M = m \cdot x$，M 是官员的晋升机会，M 越大，地方官员晋升的机会越大；$m = (m_1, m_2, m_3)$，表示三项任务在政绩考核中所占的比重。

三、模型求解与均衡结果分析

（一）静态条件下产业集聚的发展效应

产业集聚的高质量发展效应所带来的收益，即中央政府给予的"激励性薪酬"可以表示为：

---

① 取决于财政收入比例的提升（即财政分权的程度），以及总量的增加（即产业集聚相关税费的增加），包括税收、基础设施使用费、土地收入、排污费、公共服务费用等。

② 因为资源节约和污染治理具有负外部性，政府无须承担全部的环境成本，因此资源节约与环境改善所带来的财政激励也比经济增长要小。

$$W(x) = M + N = m \cdot x + \delta \cdot x = (m + \delta) \cdot x$$
$$= (m_1 + \delta_1)x_1 + (m_2 + \delta_2)x_2 + (m_3 + \delta_3)x_3 \tag{2}$$

在式（2）中，$m_1 + \delta_1$ 为产业集聚促进经济增长带来的激励，$m_2 + \delta_2$ 为产业集聚促进资源节约带来的激励，$m_3 + \delta_3$ 为产业集聚促进污染排放带来的激励。

在地方政府是风险厌恶型的假设下，地方政府的效用函数服从指数分布（耿强等，2011），$U = E\{ -e^{-r[W(x) - C(t)]} \}$，其中 r 代表风险厌恶度，参考 Holmstrom and Milgrom（1991）的建模思想，地方政府的风险成本为 $\frac{1}{2}r(m + \delta)'C(m + \delta)$，将式（1）、式（2）代入效用函数并考虑风险成本，则得到产业集聚高质量发展效应收益的确定性等值 CE：

$$CE = W(x) - C(t) - \frac{1}{2}r(m + \delta)C(m + \delta)'$$
$$= (m + \delta) \cdot t - \frac{1}{2}t'\Theta t - \frac{1}{2}r(m + \delta)C(m + \delta)' \tag{3}$$

其中，C 为 x 的协方差矩阵，假设三项作用的产出分布相互独立，则有

$$C = \begin{bmatrix} \sigma_1 & 0 & 0 \\ 0 & \sigma_2 & 0 \\ 0 & 0 & \sigma_3 \end{bmatrix}。$$

进一步，地方政府的效用最大化行为可以表示为：

$$\underset{t_i}{\text{Max}}\left[(m + \delta) \cdot t - \frac{1}{2}t'\Theta t - \frac{1}{2}r(m + \delta)C(m + \delta)' \right] \tag{4}$$

则在产业集聚高质量发展效应的三个不同方面中地方政府的努力为：$t = \Theta^{-1}(m + \delta)'$，其中 Θ^{-1} 为：

$$\Theta^{-1} = \begin{bmatrix} \dfrac{\theta_{23}^2 - c_2 c_3}{A} & \dfrac{c_3 \theta_{12} - \theta_{13}\theta_{23}}{A} & \dfrac{c_2 \theta_{13} - \theta_{12}\theta_{23}}{A} \\[3mm] \dfrac{c_3 \theta_{12} - \theta_{13}\theta_{23}}{A} & \dfrac{\theta_{13}^2 - c_1 c_3}{A} & \dfrac{c_1 \theta_{23} - \theta_{12}\theta_{13}}{A} \\[3mm] \dfrac{c_2 \theta_{13} - \theta_{12}\theta_{23}}{A} & \dfrac{c_1 \theta_{23} - \theta_{12}\theta_{13}}{A} & \dfrac{\theta_{12}^2 - c_1 c_2}{A} \end{bmatrix}$$

$$= \begin{bmatrix} \dfrac{a^2\theta^2 - c_2 c_3}{A} & \dfrac{c_3\theta - a\theta^2}{A} & \dfrac{c_2\theta - a\theta^2}{A} \\[3mm] \dfrac{c_3\theta - a\theta^2}{A} & \dfrac{\theta^2 - c_1 c_3}{A} & \dfrac{ac_1\theta - \theta^2}{A} \\[3mm] \dfrac{c_2\theta - a\theta^2}{A} & \dfrac{ac_1\theta - \theta^2}{A} & \dfrac{\theta^2 - c_1 c_2}{A} \end{bmatrix}$$

其中，$A = c_1\theta_{23}^2 + c_2\theta_{13}^2 + c_3\theta_{12}^2 - c_1 c_2 c_3 - 2\theta_{12}\theta_{23}\theta_{13} = \theta^2(ac_1 + c_2 + c_3) - c_1 c_2 c_3 - 2a\theta^3$。

根据上述结果，地方政府在产业集聚各发展效应上进行引导的努力 t_i 与各项任务的成本系数 c_i，努力的替代效应 θ_{12}、θ_{13}、θ_{23}，各任务的实际产出在官员绩效评估中所占比重 m_i，以及产业集聚的财政收益率 δ_i、环境规制 β 有关。

（二）比较静态条件下产业集聚的发展效应

1. 绩效评估权重变动对产业集聚发展效应的影响

由式（4）及 Θ^{-1} 可以得出，t_1 中 m_1、m_2、m_3 所对应的系数分别为

$$\frac{\theta_{23}^2 - c_2 c_3}{A}、\frac{c_3 \theta_{12} - \theta_{13} \theta_{23}}{A}、\frac{c_2 \theta_{13} - \theta_{12} \theta_{23}}{A}。$$

因为 Θ 为正定矩阵，所以其逆矩阵 Θ^{-1} 也为正定矩阵，所以必有 $\dfrac{\theta_{23}^2 - c_2 c_3}{A} > 0$；又因为 $0 \leqslant \theta ij \leqslant \sqrt{c_i c_j}$，所以 $\theta_{23}^2 - c_2 c_3 < 0$，从而必有 $A < 0$；由 $a\theta = a\theta_{12} = a\theta_{13} = \theta_{23}$ 及 $A < 0$、$\theta < c_2 < c_3$①，所以 $\dfrac{c_3 \theta_{12} - \theta_{13} \theta_{23}}{A} < 0$，$\dfrac{c_2 \theta_{13} - \theta_{12} \theta_{23}}{A} < 0$。由此可以得到本文的第一个命题：

命题 1：经济增长、资源节约、环境保护在政绩评估中占比越大，地方政府在引导产业集聚促进对应方向的付出的努力越多，而在其他方向上付出的努力越少。

在其他因素不变的前提下，经济增长在官员绩效评估中所占比重越高（m_1），地方政府在推动产业集聚促进地区经济增长上所付出的努力越大；资源节约和环境友好在官员绩效评估中所占比重越高（m_2、m_3），地方政府在推动产业集聚单纯促进地区经济增长上所付出的努力越小。同理可以证明，m_2 越大，地方政府在任务二上所付出的努力（即 t_2）越大；m_1、m_3 越大，地方政府在任务二上付出的努力（即 t_2）越小；m_3 越大，地方政府在任务三上所付出的努力（即 t_3）越大；m_2、m_3 越大，地方政府在任务三上付出的努力（即 t_3）越小。

这充分证明了地方政府在三项任务上的努力水平会随着中央政府考核方式的改变而改变。目前随着高质量发展战略的提出，中央政府对地方官员的考核标准也在由单一的重增长向多元的重质量方向转变，如 2013 年国务院印发了《关于加快发展节能环保产业的意见》，特别指出，要充分发挥政府的带动作用，努力促进社会资金投入节能环保建设中去，在对地方经济发展的评判方式上不断完善节能减排的统计、监督、评价体系，强化节能减排目标进度的考核，完善节能减排的预警机制，建立健全各行业节能减排的工作

---

① 因为 $0 \leqslant \theta_{12} \leqslant \sqrt{c_1 c_2}$，$0 \leqslant \theta_{13} \leqslant \sqrt{c_1 c_3}$，$\theta = \theta_{12} = \theta_{13}$，$c_1 < c_2 < c_3$，所以必有 $\theta < c_2 < c_3$。

评价制度。可见在地方发展的考核标准中，节约能源和降低污染两项任务会相对变得越来越重要。

因此，在高质量发展的背景下，地方政府对产业集聚的引导方向也要发生转变。在经济高速增长阶段，地方政府对产业集聚的引导往往不加区别，更缺少监督和限制，对于一些高能耗、高污染的产业并不加以约束，从而导致了低效产业集聚，也就是在促进经济增长的同时严重消耗了地区资源、污染了地区环境。当我国经济进入高质量发展阶段后，出于对节约资源和保护环境的考虑，地方政府对于产业集聚的引导方向也要发生转变[①]。因此，随着高质量发展战略的不断推进，地方政府在通过产业集聚实现资源节约、环境友好的经济发展方面所做出的努力也相对会有所上升。

2. 集聚的财政收益变动及污染治理要求对产业集聚发展效应的影响

由式（4）及 Θ^{-1}，得 t_1 中 δ_1 的系数为：

$$\frac{\theta_{23}^2 - c_2 c_3 + \beta(c_2 \theta_{13} - \theta_{12} \theta_{23}) + \beta(c_3 \theta_{12} - \theta_{13} \theta_{23})}{A}$$

$$= \frac{\beta c_2 \theta + \beta c_3 \theta - c_2 c_3 + (a^2 - 2a\beta)\theta^2}{A}$$

设 $f_1(\beta) = \dfrac{\beta c_2 \theta + \beta c_3 \theta - c_2 c_3 + (a^2 - 2a\beta)\theta^2}{A}$，对函数 $f_1(\beta)$ 求一阶导数，

$f_1'(\beta) = \dfrac{c_2 \theta + c_3 \theta - 2a\theta^2}{A} < 0$，且 $f_1(0) > f_1(1) > 0$。

t_2 中 δ_2 的系数为：

$$\frac{\beta(\theta_{13}^2 - c_1 c_3) + \beta(c_1 \theta_{23} - \theta_{12} \theta_{13}) + c_3 \theta_{12} - \theta_{12} \theta_{23}}{A}$$

$$= \frac{a\beta c_1 \theta + c_3 \theta - \beta c_1 c_3 - a\theta^2}{A}$$

设 $f_2(\beta) = \dfrac{a\beta c_1 \theta + c_3 \theta - \beta c_1 c_3 - a\theta^2}{A}$，对函数 $f_2(\beta)$ 求一阶导数，$f_2'(\beta) =$

$\dfrac{ac_1 \theta - c_1 c_3}{A} > 0$，且 $f_2(0) < 0$，当 $c_1 > \theta$ 时，$f_2(1) > 0$，存在 $f_2(\beta^*) = 0$。

同理 t_3 中 δ_3 的系数为：

$$\frac{\beta(\theta_{12}^2 - c_1 c_2) + \beta(c_1 \theta_{23} - \theta_{12} \theta_{13}) + c_2 \theta_{13} - \theta_{13} \theta_{23}}{A}$$

$$= \frac{a\beta c_1 \theta + c_2 \theta - \beta c_1 c_2 - a\theta^2}{A}$$

---

① 2020 年 7 月，国务院印发了《关于促进国家高新技术产业开发区高质量发展的若干意见》，支持国家高新区创建国家生态工业示范园区，发展高新技术产业，优化创新生态，集聚创新资源，提升自主创新能力，引领高质量发展。严格控制高污染、高耗能、高排放企业入驻。

设 $f_3(\beta) = \dfrac{a\beta c_1\theta + c_2\theta - \beta c_1 c_2 - a\theta^2}{A}$，对函数 $f_3(\beta)$ 求一阶导数，$f_3'(\beta) =$

$\dfrac{ac_1\theta - c_1 c_2}{A} > 0$，且 $f_3(0) < 0$，当 $c_1 > \theta$ 时，$f_3(1) > 0$，存在 $f_3(\beta^*) = 0$。

可见，在环境规制较低时（$\beta < \beta^*$），产业集聚的财政收益率的提高可以激励地方政府增加在通过产业集聚促进地区经济增长上所付出的努力，但却会导致地方政府减小在资源节约和环境保护方面做出的努力。这是因为相比较而言，实现经济增长所面对的努力成本（c_1）是最小的、收益率（δ_1）是最高的。

在环境规制较高时（$\beta > \beta^*$），若实现经济增长所面对的努力成本（c_1）较高（$c_1 > \theta$），产业集聚的财政收益率的提高可以激励地方政府增加在通过产业集聚促进地区经济增长、资源节约和环境保护上所付出的努力；而若实现经济增长所面对的努力成本（c_1）较低（$c_1 < \theta$），财政收益率的提高仍然会使得地方政府倾向于把努力投入成本更低、回报更高的经济增长方面①，减少在资源节约与环境保护上的投入，但是，由于 $f_1'(\beta) < 0$，$f_2'(\beta) > 0$，$f_3'(\beta) > 0$，财政收益率的增加导致的地方政府这一重增长、轻环境的行为较环境规制较低时会有所改善。

分析结论说明了地方政府在三项目标上的努力水平会随着产业集聚财政收益率的改变而改变，而这一般取决于产业集聚的税费、土地收益的提升与财政分权程度等。

一方面，虽然按照分析的结论，与产业集聚相关的税费增加能够显著地促进地方政府通过集聚推动经济高质量发展，但是需要注意，增加税费的同时也会导致地方私人投资积极性下降，在短期之内可以获得较高的财政收入，但是长期来看会导致产业转移，进而抑制区域经济的持续增长。另一方面，分析结论也表明进一步提升财政分权程度能够有效地促进地方政府通过产业集聚推动经济高质量发展，因为随着财政分权程度的不断提高，地方政府的财政收入范围扩大，相当于直接提升了产业集聚的相关税费。但是与直接情况相类似，在环境规制较低的情况下，提升产业集聚的税费或财政分权水平非但不能促进产业集聚推动经济高质量发展，反而会使得经济发展与环境保护加速失衡。因为在更高的财政收入的激励下，地方政府会把更多的努力投入成本较低的促进经济增长上，反而会减少在资源节约和环境保护方面的投入。即使是在环境规制很高、经济增长成本也较高的情况下，产业集聚的税费或财政分权水平的不断提高能提高地方政府在资源节约和环境保护方面的努力投入，但是会导致经济发展治理跟不上经济发展速度。所以通过提

---

① 对于区域经济而言，由于就业和财政收入等的压力，任务一具有底线特征，因此当完成任务二或任务三时，任务一可以允许被适度偏离，但不能无限制地偏离。

升产业集聚的税费或财政分权程度促进产业集聚推动经济高质量发展，必须建立在地区污染治理水平较高的基础上，同时辅以发展评估方式改革等手段进一步改善资源节约与环境保护建设。据此可以得到本文的第二个命题：

命题2：若环境规制程度较低，则财政激励的增加会促进产业集聚实现经济增长而使得产业集聚不利于资源与环境；若环境规制程度较高，则财政激励可能促进产业集聚实现经济增长、资源节约与环境保护或者降低外产业集聚对资源与环境的不利影响。

同时，除去财政收益率之外，产业集聚的高质量发展效应的效果也会随着污染治理要求的改变而改变。

由 $f_2'(\beta)>0$，$f_3'(\beta)>0$，可知当 β 增加时，t_2、t_3 中 δ 的系数递增，也就是在其他因素不变的前提下，地方政府在通过产业集聚促进地区资源节约、环境保护上付出的努力会增加。这是因为随着环境规制水平不断提高，环境问题的外部性逐渐内部化，注重环境保护带来的经济效益就会不断增加。如果环境规制过低，这意味着政府缺乏激励使其在产业集聚的环境管理方面投入资金和人力等，即对一些高能耗、高污染的产业集聚不加以有效控制甚至仍然给予不适当的鼓励，从而背离了推进资源节约型、环境友好型社会建设的目标。但是如果中央政府加强对地方政府在资源节约和环境保护方面的约束，要求地方政府提高环境规制水平，那么就意味着地方政府需要在污染治理方面投入足够的资金和人力等，此时地方政府就会考虑对高污染、高能耗产业集聚的"积极引导"和缺乏有效监督所带来的负效用，从而形成对地方政府的激励，使其对产业集聚的引导和监管更为严格，这意味着中央政府提高环境治理标准对于实现产业集聚推进经济高质量发展有重要意义。

另外，由 $f_1'(\beta)<0$，可知当 β 增加时，t_1 中 δ 的系数递减，在其他因素不变的前提下，地方政府在通过产业集聚促进地区经济增长上付出的努力减少。这是因为随着污染治理水平的不断提高，注重环境所带来的经济效益增加，这使得在其他因素不变的前提下，地方政府投入更多的努力到推动产业集聚促进地区资源节约和环境保护上能够带来更多的效益，从而会着重引导环境友好型产业集聚，限制传统能耗产业聚集区的发展，从而减少了在促进实现经济增长或资源节约上所付出的努力。据此可以得到本文的第三个命题：

命题3：环境规制越严格，地方政府对产业集聚促进经济增长的引导越小，而对产业集聚促进资源节约与环境保护的引导越大。

在高质量发展的背景下，中央政府对于环境治理的要求也会明显提高。在中央政策的激励和约束下，各地开始大力发展环保产业，加大对环保产业的政策支持力度，努力扩大环保产业的市场需求，促进环保产业集群的形成。此外，中央还鼓励地方重点发展环保设施社会化运营、环境咨询、环境监理、工程技术设计、认证评估等环境服务业；鼓励使用环境标志、环境认证和绿色印刷产品；开展污染减排技术研究，实施水污染防治等重大科技项目；制定环保产业统计标准。2020 年，国务院办公厅印发《关于构建现代环境治理体系的指导意见》，要求各省级党委和政府全面负责本地区环境治理工作，贯彻落实党中央的决定和部署并由国务院组织实施各项目标、任务、政策措施，增加资金投入。这意味着随着高质量发展战略的不断深入，地方政府在通过产业集聚促进资源节约和环境保护上所做出的努力会不断上升。

（三）进一步地分析

1. 不同经济发展水平下的地方政府行为

我国经济的地区差异性非常显著，不同的地区有不同的区位优势、资源禀赋、政策支持和发展基础等，因此地方政府在通过产业集聚推进经济高质量发展的过程中所面临的约束是不同的，从而中央政府在激励约束地方政府行为上所做出的举措也会有所差异。

由 $t = \Theta^{-1}(m + \delta\beta)$ 可得（见表 1）：

表 1　　　　　　地区经济发展水平对官员绩效评估方式改革作用的影响

任务	m_1 反应系数	m_1 系数增减性	m_2 反应系数	m_2 系数增减性	m_3 反应系数	m_3 系数增减性
t_1	$\dfrac{a^2\theta^2 - c_2c_3}{A}$	关于 θ 递增	$\dfrac{c_3\theta - a\theta^2}{A}$	关于 θ 递减	$\dfrac{c_2\theta - a\theta^2}{A}$	关于 θ 递减
t_2	$\dfrac{c_3\theta - a\theta^2}{A}$	关于 θ 递减	$\dfrac{\theta^2 - c_1c_3}{A}$	关于 θ 递增	$\dfrac{ac_1\theta - \theta^2}{A}$	关于 θ 递减
t_3	$\dfrac{c_2\theta - a\theta^2}{A}$	关于 θ 递减	$\dfrac{ac_1\theta - \theta^2}{A}$	关于 θ 递减	$\dfrac{\theta^2 - c_1c_2}{A}$	关于 θ 递增

经济较发达的地区，地方政府在落实资源节约与环境保护的方面所要付出的机会成本较小，同时在实现资源节约与环境保护两项任务之间的努力替代效应也较小；也就是地方政府通过产业集聚促进地区经济高质量发展三项任务间的努力替代效应 θ，会随着经济发展水平的不断提高而减小[①]。

可见，相比经济发展程度较低的地区，经济较为发达的地区 θ 较小，所以在各项任务所分配的努力 t 上，也就是 t_1 对 m_1、t_2 对 m_2、t_3 对 m_3 变化的反应程度较小。具体而言，如果增加经济增长在官员绩效评估中所占的比重，在经济发展程度较高的地区，地方政府在产业集聚促进经济增长方面增

---

① 一般情况下随着地区经济发展水平的不断提高，市场机制就会更为完善，地方经济发展对于产业政策的依赖程度就会相对变小。同时，在经济发展水平较高的地区，地方政府对资源环境的重视程度会更高，相关治理机制更趋于完善，地方政府在处理资源节约与环境保护方面的经验更为丰富。

加的努力投入会小于经济落后的地区，而地方政府在引导环保产业集聚地形成以促进资源节约与环境保护的任务上所减少的努力同样小于落后的地区。反之，如果降低经济增长在官员绩效评估中所占的比重，在经济发展程度较高的地区，地方政府在通过产业集聚促进经济发展的任务上所减小的努力较小，而地方政府在对环保产业集聚的支持上所增加的努力也较小，其他两项任务也是如此。据此我们提出本文的第四个命题：

命题 4：地区经济发展程度越低，地方政府对于中央政策激励的依赖性越大，越需要中央政府通过激励与约束措施实现地方政府以产业集聚促进区域经济高质量发展的目标。

因为经济发展水平较高的地区，市场机制较为完善，经济对政府行为的依赖性相对不强，相比较而言，市场机制在产业集聚的形成和推进中往往发挥着重要作用，因此中央政府出台激励或约束措施时，地方政府的反应会相对不敏感。而对于经济发展程度较低的地区，政府行为的改变会在较大程度上会影响地区产业集聚情况，因此面对中央政府的相关措施，发展程度较低的地区往往反应较为敏感。

2. 全面推进高质量发展战略下的地方政府行为

在高质量发展战略全面推进的背景下，中央政府在多个方面上改变其对地方政府的激励与约束方法。在政绩考核方式上，单一的以 GDP 为主的政绩考核机制要逐渐多维化，随着绿色 GDP、自然资源资产负债表等的应用，实现经济增长的任务在官员政绩考核机制中所占的比重将应逐渐下降，而促进资源节约和环境保护的任务所占的比重将应逐渐上升，即 $\Delta m_1 < 0$，Δm_2、$\Delta m_3 > 0$ 且 Δm_2 与 Δm_3 差异不大。在产业集聚的财政收益率上，可适当提高财政分成，从这一角度而言产业集聚的财政收益率会趋于上升，即 $\Delta \delta > 0$；在环境污染治理上，随着环境污染问题日益突出，中央政府会进一步增强环境监管和治理力度，从而使得地方环境污染治理要求得到提升，即 $\Delta \beta_3 > 0$。

又由 $t = \Theta^{-1}(m + \delta\beta)$ 可得：

$$\Delta t_1 = \frac{a^2\theta^2 - c_2c_3}{A}\Delta m_1 + \frac{c_3\theta - a\theta^2}{A}\Delta m_2 + \frac{c_2\theta - a\theta^2}{A}\Delta m_3$$
$$+ \frac{\Delta\beta_3 c_2\theta + c_3\theta - c_2c_3 + (a^2 - a - \Delta\beta_3)\theta^2}{A}\Delta\delta$$

$$\Delta t_2 = \frac{c_3\theta - a\theta^2}{A}\Delta m_1 + \frac{\theta^2 - c_1c_3}{A}\Delta m_2 + \frac{ac_1\theta - \theta^2}{A}\Delta m_3$$
$$+ \frac{\Delta\beta_3 ac_1\theta + c_3\theta - c_1c_3 + (1 - a - \Delta\beta_3)\theta^2}{A}\Delta\delta$$

$$\Delta t_3 = \frac{c_2\theta - a\theta^2}{A}\Delta m_1 + \frac{ac_1\theta - \theta^2}{A}\Delta m_2 + \frac{\theta^2 - c_1c_2}{A}\Delta m_3$$
$$+ \frac{ac_1\theta + c_2\theta - \Delta\beta_3 c_1c_2 + (\Delta\beta_3 - 1 - a)\theta^2}{A}\Delta\delta$$

　　结合上文的比较静态分析结果可知，政绩考核方式的改革会在一定程度上减少经济增长，促进资源节约与环境保护；污染治理水平的提高有利于环境保护但是会在一定程度上降低经济增长速度或增加资源的使用；财政分权在污染治理要求较高时会促进经济增长、资源节约与环境保护，但是这一促进不是均衡的。

　　根据以上分析，可以得到本文的第五个命题：

　　命题 5：中央政府在实现产业集聚高质量发展效应的过程中，需要统筹考虑政绩考核方式、污染治理要求、财政分权，让三者形成合力以打造产业集聚区域效应的"升级版"。

　　这是因为通过改变政绩考核方式和提高污染治理要求，可以增加地方政府在通过产业集聚促进资源节约和环境保护的方面上所付出的努力，改变经济低质量、不可持续发展的现状，但是在一定程度上会导致经济增长速度的放缓，而财政分权给予地方政府更多财政激励能够在一定程度上抑制经济增速的放缓。另外，污染治理要求过低的情况下，财政分权可能会导致环境的进一步破坏也是提高污染治理要求的重要原因之一。

四、结论与启示

　　本文建立了基于央地关系的产业集聚高质量发展效应多任务委托代理模型，分析了基于产业集聚的发展效应地方政府的行为选择，论述了多重目标约束下各种因素对于地方政府实现产业集聚高质量发展效应的影响。研究发现：地方政府官员绩效考核方式、财税制度、环境规制、经济发展程度都会影响产业集聚的高质量发展效应。相关启示如下：

　　第一，坚持数量型产业集聚向质量型产业集聚的转变。始终坚持"绿水青山就是金山银山"的发展理念，通过资源节约和环境保护两个主要途径促进产业集聚方式的转型升级。一方面，鼓励企业进行技术创新与生产方式变革，引入低能耗、低排放、低污染的生产设备，逐步淘汰资源依赖、劳动密集的企业；另一方面，提高污染排放标准与资源开发红线，对浪费资源、破坏环境的行为加大环境规制力度，以多举措加强生态环境修复。

　　第二，积极探索高质量发展阶段下的地方官员考核机制，从而提高产业集聚质量水平。财税制度改革确立了维护市场的财政分权的框架，赋予了地方政府更多管理本地经济分的权力，强化了地方政府的预算约束（Qian and Weingast，1996），从而给予地方政府更多的激励，提升其在各个任务层面上的投入。以 GDP 为主要标准的单目标约束导致地方政府倾向于形成大量高产出、高能耗、高污染类型的产业集聚，在促进经济高速增长的同时也造成了严重的资源浪费与环境污染。在高质量发展的背景下，地方政府对产业集聚的引导以及中央对地方政府官员的考核目标都应该从"偏数量"向"重质量"转变，因此在制定考核标准时，应该将资源节约与环境保护的程度纳入考核范围，促进产业集聚对高质量发展效应的更好发挥。不断加大质量指标在政绩考核中的权重，尽可能地纠正地方政府实现经济发展的激励扭曲（陶然等，2010）。

第三，坚持从不平衡的地区发展水平现实出发，因地制宜实现产业集聚与经济发展的匹配和优化。随着经济发展和市场化改革的不断深入，应该做到视地区经济发展水平具体分析，对于不同发展程度的地区产业集聚的发展效应也是不同的。中央政府在实施激励与约束措施时，要充分考虑不同地区发展水平的差异，使政策执行的力度和顺序有所不同。在经济发展水平较低的地区，积极发挥"有为政府"的作用，实施较高程度的激励，努力改善产业集聚低质量化的现状，充分利用产业集聚的资源与环境效应。经济发展水平较高的地区，产业集聚质量相对也较高，则应积极发挥"有效市场"的作用，提升环境规制水平，促使地方政府通过产业集聚协调增长与资源、环境的关系，从而全面提升产业集聚的高质量发展效应。

第四，在实现产业集聚的高质量发展效应的过程中，中央政府应高度重视各项措施的统筹和协调。必须统筹考虑政绩考核方式、财税制度、环境规制，通过提高各项措施间的协调性以降低激励措施所带来的扭曲效果和抑制作用。一项激励措施的调整会不可避免地对短期内的部分发展目标带来冲击，需要中央政府及时辅以其他激励措施，从而保证相关地区经济发展目标协调推进，实现经济高质量发展。

参 考 文 献

[1] 陈建军、胡晨光：《产业集聚的集聚效应——以长江三角洲次区域为例的理论和实证分析》，载《管理世界》2008 年第 6 期。

[2] 耿强、江飞涛、傅坦：《政策性补贴、产能过剩与中国的经济波动——引入产能利用率 RBC 模型的实证检验》，载《中国工业经济》2011 年第 5 期。

[3] 郭然、原毅军：《生产性服务业集聚能够提高制造业发展质量吗？——兼论环境规制的调节效应》，载《当代经济科学》2020 年第 2 期。

[4] 黄庆华、时培豪、胡江峰：《产业集聚与经济高质量发展：长江经济带 107 个地级市例证》，载《改革》2020 年第 1 期。

[5] 黄永明、姜泽林：《金融结构、产业集聚与经济高质量发展》，载《科学学研究》2019 年第 10 期。

[6] 江孝感、王伟：《中央与地方政府事权关系的委托———代理模型分析》，载《数量经济技术经济研究》2004 年第 4 期。

[7] 李金昌、史龙梅、徐蔼婷：《高质量发展评价指标体系探讨》，载《统计研究》2019 年第 1 期。

[8] 李康：《新中国 70 年来经济发展模式的关键：央地关系的演进与变革》，载《经济

学家》2019 年第 10 期。

[9] 李思慧：《产业集聚、人力资本与企业能源效率——以高新技术企业为例》，载《财贸经济》2011 年第 9 期。

[10] 刘星、文政：《财政分权理论述评》，载《管理世界》2008 年第 5 期。

[11] 马昱、邱菀华、王昕宇：《高技术产业集聚、技术创新对经济高质量发展效应研究——基于面板平滑转换回归模型》，载《工业技术经济》2020 年第 2 期。

[12] 迈克尔·波特：《竞争论》，中信出版社 2002 年版。

[13] 孙家成、郑文范、夏银波：《政府绩效考评权重分配机制实证研究——以辽宁省为例》，载《辽宁大学学报（哲学社会科学版）》2014 年第 3 期。

[14] 孙早、席建成：《中国式产业政策的实施效果：产业升级还是短期经济增长》，载《中国工业经济》2015 年第 7 期。

[15] 陶然、苏福兵、陆曦、朱昱铭：《经济增长能够带来晋升吗？——对晋升锦标竞赛理论的逻辑挑战与省级实证重估》，载《管理世界》2010 年第 12 期。

[16] 佟健、宋小宁：《多维政绩考核、冲突任务与"为官不为"——一个多任务委托代理模型》，载《当代经济科学》2018 年第 4 期。

[17] 王毅、廖卓娴：《湖南文化创意产业园区发展分析与建设路径》，载《经济地理》2019 年第 2 期。

[18] 吴利学：《中国能源效率波动：理论解释、数值模拟及政策含义》，载《经济研究》2009 年第 5 期。

[19] 席建成、韩雍：《中国式分权与产业政策实施效果：理论及经验证据》，载《财经研究》2019 年第 10 期。

[20] 肖建辉：《粤港澳大湾区物流业高质量发展的路径》，载《中国流通经济》2020 年第 34 期。

[21] 杨彬、胥冰：《本地市场效应视角下的欠发达地区经济高质量发展研究——以宁夏为例》，载《金融经济》2020 年第 6 期。

[22] 杨仁发、李娜娜：《产业集聚对长江经济带高质量发展的影响》，载《区域经济评论》2019 年第 2 期。

[23] 余奕杉、高兴民、卫平：《生产性服务业集聚对城市群经济高质量发展的影响——以长江经济带三大城市群为例》，载《城市问题》2020 年第 7 期。

[24] 詹新宇、刘文彬：《中国式财政分权与地方经济增长目标管理——来自省、市政府工作报告的经验证据》，载《管理世界》2020 年第 3 期。

[25] 张二震、戴翔：《江苏开发区高质量发展的思路与对策》，载《经济研究参考》2019 年第 8 期。

[26] 张莉、王贤彬、徐现祥：《财政激励、晋升激励与地方官员的土地出让行为》，载《中国工业经济》2011 年第 4 期。

[27] 周凤秀、温湖炜：《绿色产业集聚与城市工业部门高质量发展——来自国家生态工业示范园政策的准自然实验》，载《产经评论》2019 年第 1 期。

[28] 周黎安：《晋升博弈中政府官员的激励与合作——兼论我国地方保护主义和重复建设问题长期存在的原因》，载《经济研究》2004 年第 6 期。

[29] 周黎安：《中国地方官员的晋升锦标赛模式研究》，载《经济研究》2007 年第 7 期。

[30] Chenggang, X., 2011: The fundamental institutions of China's reforms and development,

Journal of Economic Literature, Vol. 49, No. 4.

[31] Holmstrom, B. and Milgrom, P., 1991: Multitask Principal – Agent Analyses: Incentive Contracts, Asset Ownership, and Job Design. *Journal of Law, Economics, & Organization*, Vol. 7, No. 9.

[32] Hongbin, L. and Li – An, Z., 2004: Political turnover and economic performance: the incentive role of personnel control in China, *Journal of Public Economics*, Vol. 89, No. 9.

[33] Kai-yuen, T. and Youqiang, W., 2004: Between Separate Stoves and a Single Menu: Fiscal Decentralization in China, *The China Quarterly*, Vol. 177.

[34] Yingyi, Q. and Barry, R. W., 1996: China's transition to markets: market-preserving federalism, chinese style, *Journal of Economic Policy Reform*, Vol. 1, No. 2.

Multiple Target Constraints and the High Quality Development Effect of Industrial Agglomeration

—A Principal-agent Framework Based on the Relationship between the Central and Local Government

Yujun Ji   Ziang Guo

Abstract: Based on the multiple goal constraints of the central government on local governments, the internal incentives and constraints of local governments to realize the high-quality development effects of industrial agglomeration are analyzed. The results show that, based on the role of industrial agglomeration on economic growth-resources-environment, the regional development effect of industrial agglomeration and the direction of local governments' guidance are both influenced to some extent by the performance appraisal method, fiscal rate of return, environmental regulation and economic development level. Therefore, in the stage of high-quality development, the transformation from quantitative industrial agglomeration to qualitative industrial agglomeration should be promoted. In the process of promoting local governments to achieve this goal, the central government should be aware of the integrated promotion of various measures and the implementation of differentiated incentive and constraint policies for regions with different levels of economic development.

Keywords: Industrial Agglomeration High Quality Development Central Government-local Government Relationship Multitasking Principal-agent Model

JEL Classification: R11 O25

第 21 卷第 1 辑　　　　　　　产 业 经 济 评 论　　　　　　Vol. 21　No. 1

2022 年 3 月　　　　Review of Industrial Economics　　　　March 2022

资源型企业跨区转移溢出效应
与胁迫效应的比较测度和启示

李存芳　宋　涛　张　博　王文虎[*]

摘　要： 资源型企业的跨区转移是一个新兴的管理实践问题，对其可能产生的溢出效应与胁迫效应的比较分析和科学测度，是区域高质量发展战略决策的关键。基于系统工程的思想，分析了资源型企业跨区转移溢出效应与胁迫效应的形成机理，提出了"生态溢出效率"的概念与测度指标体系，运用 DEA 数据包络分析与非参数 Malmquist 指数相结合的方法，并选取中西部 10 省份资源型企业 2007～2017 年相关数据进行实证检验。研究表明：（1）东部省份资源型企业的跨区转移既产生了溢出效应，也形成了胁迫效应。（2）生态溢出效率能够有效测度资源型企业跨区转移溢出效应与胁迫效应的比较关系。（3）生态溢出效率可以分解为纯技术生态溢出效率和规模生态溢出效率，而且纯技术生态溢出效率整体上高于规模生态溢出效率。（4）生态溢出效率偏低的主要致因，依其投入冗余程度由高到低排序为废气排放量、固体废物排放量、土地压占沉陷破坏量和废水排放量。（5）西部省份的生态溢出效率低于中部省份，但其生态溢出效率的增长率高于中部省份。研究结论可为中西部省份资源产业可持续、高质量发展的相关政策制订提供理论依据。

关键词： 资源型企业　跨区转移　溢出效应　胁迫效应　比较测度

---

[*] 本文受国家自然科学基金项目"资源枯竭型企业跨区转移行为的溢出效应和胁迫效应研究"（71573110）、"资源型企业绿色转型行为的驱动机制和激励政策研究"（72074102）和江苏省研究生科研与实践创新计划项目"资源型企业绿色转型行为的障碍因素与对策研究"（KY-CX21_2542）资助。

感谢审稿人的专业修改建议！

李存芳：江苏师范大学商学院；地址：江苏省徐州市铜山区上海路 101 号，邮编 221116；E-mail：licf66@163.com。

宋涛：江苏师范大学商学院；地址：江苏省徐州市铜山区上海路 101 号，邮编 221116；E-mail：songtao116181103@163.com。

张博：江苏师范大学商学院；地址：江苏省徐州市铜山区上海路 101 号，邮编 221116；E-mail：2020180952@jsnu.edu.cn。

王文虎：江苏师范大学科学学院；地址：江苏省徐州市铜山区上海路 101 号，邮编 221116；E-mail：526737567@qq.com。

一、引　言

资源型企业是指对可耗竭自然资源进行开采与初级加工的企业，包括煤矿采选业、石油和天然气开采业、金属和非金属矿采选业的企业。它们具有两方面的本质特征：一是显著的生命周期性。因为资源型企业的成长与资源的储量存在反向耦合关系，表现出"初开—增产—稳产—衰退"的生命周期。资源枯竭无疑直接威胁着资源型企业自身的可持续发展。二是显著的开发负外部性。资源型企业的开采会产生矿区水系损毁、地表塌陷、土地沙化、大气污染等一系列严重的环境破坏和生态衰退问题，威胁着区域经济社会的可持续发展。

随着国务院《探矿权采矿权转让管理办法》（1998）的施行及国有资源配置市场化的演进，我国东部省份①的资源型企业，尤其是一批历经一个多世纪开采的大型矿务集团，因资源枯竭而调整战略，跨区转入山西、贵州、陕西、内蒙古和新疆等中西部资源富集省份，实施新的开发。调查显示，到2019 年底顺利转移并启动开发的项目已有 117 个，比如江苏徐州矿务集团于2001 年转入新疆阿克苏地区库车县建设年产 400 万吨的俄霍布拉克煤矿，后期进一步扩建年产能达到 1000 万吨；福建紫金矿业集团于 2006 年到新疆阿勒泰地区富蕴县新建直接还原球团矿项目，并延伸产业链，实现产值超百亿元；河北金能集团于 2006 年转入山西文水县，控股投资建设产煤、炼焦、热电、化工、建材产业链项目，实现年利税超过 12 亿元，等等。对于此类资源型企业的跨区转移，一些人感到欣慰，一些人感到焦虑。欣慰来自对东部省份资源型企业资源枯竭困境摆脱和中西部省份资源产业升级的渴望。东部省份资源储量少、埋藏深、赋存极不稳定、地质条件复杂、安全生产难度高，资源型企业必须不断提高自身的技术和管理水平。同时，东部省份对外开放较早、竞争观念较强、经济发展较快、科教水平较高，又助力资源型企业不断强化核心竞争力和竞争优势。因此，资源型企业面临资源枯竭而跨区转入中西部省份，不仅是有丰厚资源和产业接续的获得，而且是有关键技术、高效管理、优秀人才的转移和产业升级的实现，必然会产生溢出效应，能够有效促进区域间发展不平衡不充分问题的缓解（蒋殿春、张宇，2008）。焦虑来自对中西部省份生态威胁的顾忌。中西部省份生态系统脆弱，环境承载力相对较差，调查统计表明，山西、陕西、甘肃、宁夏、新疆和内蒙古 6省份，拥有全国 65% 的煤炭储量、75% 的煤炭年产量，却仅有全国 8.3% 的水资源。陕西榆林市北部曾有清泉 115 眼，因矿产资源开发而枯竭 102 眼，总流量仅剩 4.2%，形成了环境胁迫效应（李存芳等，2021）。

---

① 对于东部、中部、西部省份的划分以《中国经济与社会发展统计数据库》为依据。

二、文 献 综 述

对于资源型企业的跨区转移应该怎样看待和评价，它们是否产生一定的溢出效应和胁迫效应？针对此类源于我国资源型企业及区域发展探索的科学问题，进行国内外相关文献的梳理显示，以往学者的研究主要从如下三个方面切入展开：

一是从资源型企业跨区转移的实现形式切入。Brouwer（2010）研究指出，资源型企业具有一种"区位黏性"，它与企业规模和历程相关，即企业的规模越大、原地经历越长，整体转移的可能性越小，局部转移的可能性较大。这种局部转移的进入和退出都比较灵活，具有投资成本低、风险小的优势（吕涛、聂锐，2005），而整体转移能使企业仍然保持产业优势，也能促进区域协调发展，但因转移成本较高、风险较大，需要国家和地方政府的政策扶持（Card et al.，2010）。对此，学者结合我国东部省份资源型企业向中西部省份转移实践的研究认为，跨地区、跨行业的转移合作，能够实现双方竞争优势的转移与互补（Gao，2012；Liu et al.，2016），顺应了转入地和转出地政府的政策导向和扶持。还有学者进一步关注资源型企业跨区转移的进入模式，研究认为此类转移会以新建企业、衍生企业和附属企业等形式进入（Frenken et al.，2011），或者会以跨区合资、绿地投资、并购及购买产能等形式进入（Bhagat et al.，2011；Kohli and Mann，2012），不同的进入模式有着不同的优劣势。进入模式的本质在于市场主导合作共赢，但由于其直接关系到区域经济、社会、环境发展，受到转入地政府的高度重视（于会录等，2014；Dong et al.，2015），因此，对于进入模式的选择不仅与转移企业自身的能力强弱有关，还与国情政策等因素密切相关。合适的进入模式可以显著提升转移企业的发展绩效（Li et al.，2019）。

二是从资源型企业跨区转移的溢出效应切入。Medina（2021）研究指出资源型企业的进入投资有着较为显著的溢出效应。还有一些学者不仅认为溢出效应的存在，而且发现行业间前后向关联效应更为显著（Du et al.，2012；Liu et al.，2016），进而从多种途径探究了溢出效应的作用机理（Liu，2008；Ouyang and Fu，2012）。也有学者分别针对我国西部石油、煤炭企业与其关联制造业的技术溢出效应进行比较研究发现，石油企业的技术溢出强度达到煤炭企业的五倍，但还有学者的研究得出了相反的结论，认为石油企业的溢出效应显著为负（Gong，2018），对此，有学者深度研究了未见溢出效应的主要原因在于一些企业的 R&D 投入较低，未能形成应有的吸收能力（Mebratie and Bedi，2013）。可见来源地异同、产业异同的企业转入不同区域，溢出效应形成的可能性较大，但其溢出强度差异也较大。还有学者结合企业转移，测度了我国不同省份资源产业链效率，发现东部、中部、西部省份资源产业链效率存在显著的梯度下降趋势（Lin and Xu，2017），进一步说明了资源型企业转移溢出效应的存在性和差异性。

三是从资源型企业跨区转移的胁迫效应切入。Ramassmy et al.（2012）研究指出资源型企业跨区转移的根本原因是为解决资源开发的接续问题，会不同程度地破坏转入地水生态系统的功能，损伤陆地生态系统功能。不仅如此，还会促进碳排放的上升（Jiang et al.，2019）。也有一些研究结合我国东部资源枯竭型企业的西移，通过实证检验发现，这类转移行为强化了转入地区的地面沉降，以及废水、废气、废固、粉尘的排放，并探究了主要成因（Li et al.，2019）。为此，一些学者研究建议提高准入门槛，推动资源型企业绿色技术升级与制度创新（万伦来等，2016；于立宏等，2019）。还有学者研究认为资源型企业的转移对于转入地环境状况的影响较为复杂，因转入地政府对于环境规制的严格程度差异，会产生不利的因素，或形成有利的因素（Ploeg and Withagen，2012），具体地把资源型企业转移对环境的影响分解为技术效应、结构效应和规模效应。研究发现，技术效应会减少污染的产生，带来环境的改善，结构效应没有产生显著的效果，规模效应则会增加污染的产生，带来环境的恶化（Lu et al.，2012）。这进一步说明资源型企业跨区转移环境影响的两面性和胁迫效应的不确定性。

总之，对于资源型企业跨区转移的溢出效应与胁迫效应，国内外学者的研究和认知差异显著，溯其缘由主要在于欠缺对于资源型企业跨区转移实践的全面回顾和深透分析，欠缺对于省份间产业发展政策后果的系统探究。资源型企业的跨区转移一方面可能形成一般企业转移的共性的正向溢出效应和负向胁迫效应，另一方面可能产生开采特征的个性的正向溢出效应和负向胁迫效应，换言之，应该存在两方面同向效应的复合作用与异向效应的交互作用。而此类溢出效应与胁迫效应之间有何关系、如何调控，尤其是如何优化中央和地方产业政策的协同作用等深层问题尚需展开深度探析和系统检验。

三、理论分析与研究设计

（一）理论分析

资源型企业跨区转移的本质不仅是跨区投资的实现，还伴随着关键技术、高效管理等知识的转移。除已有知识产权之外，知识既带有一般公共物品的特性，还具有一定程度的异质性，因此，资源型企业的跨区转移可能产生溢出效应，并非仅仅局限于本产业之内。从产业分工与协作角度审视，产业链包含横向与纵向的分工协作，以及相互价值交换。因此，资源型企业跨区转移溢出效应的形成路径包括两个方面：一是横向产业内的溢出效应。它的本质是伴随东部资源型企业的跨区转移进入，其先进的生产技术和高效的管理经验通过示范模仿、竞争优化、人员流动等渠道和方式，溢出到中西部资源富集省份同类企业，促进了这些企业技术、管理水平和生产效率的提升。它产生的根本原因在于东部省份资源型企业与当地同类企业之间存在着一定程度的技术和管理差距，成为溢出效应所需的"势能"。而且这种"势能"的大小也直接影响到溢出效应的强度高低。二是纵向产业间的溢出效应。它的本质是伴随东部省份资源型企业跨区转移进入，其先进的管理经验和优势的技术标准为中西部资源富集省份关联企业所接受，促进中西部省份关联企业管理水平、产品质量和生产效率的提高。它产生的根本原因在于东部省份资源型企业跨区转移进入中西部资源富集省份后嵌入当地产业链，参与当地产业分工与协作，进而形成了投入关联溢出和产出关联溢出。其溢出效应强度的高低取决于东部省份资源型企业与当地企业之间的投入产出关联度，以及当地企业的应对性和创新力（臧旭恒、赵明亮，2011；李存芳等，2019、2020）。这类跨区转移溢出效应的存在，促进了中西部省份资源产业可持续、高质量发展新动能的强化（见图1）。

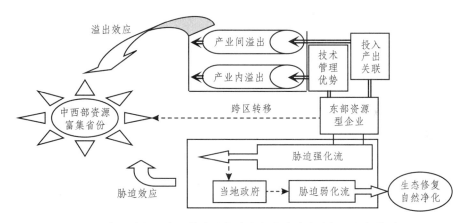

图1　资源型企业跨区转移溢出效应与胁迫效应的机理分析模型

不仅如此，资源型企业的跨区转移毕竟是资源开发活动的转移，在给中西部资源富集省份带来大量投资、关键技术和高效管理，以及可能的溢出效应的同时，也会带来自然环境功能的胁迫问题。这种胁迫问题，不仅具有一般的经济活动对于中西部资源富集省份环境输入污染的表现，还具有自身从事资源开发对于中西部资源富集省份环境破坏的特征。由于自然环境功能的优劣状况取决于当地某一时刻的环境破坏和污染的累积，这种累积的本质是环境破坏和污染的强化流减去弱化流后的时间积蓄。东部省份资源型企业的跨区转移进入，在建矿、开采、洗选、冶炼等阶段都会不同程度地产生土地塌陷、固体废物、废水、废气，形成对于中西部资源富集省份自然环境功能的胁迫强化流。而随着资源型企业的转入与开发活动的逐步推进，中西部资源富集省份自然环境破坏和污染水平的信息也将不断地反馈到各级政府决策部门，可能通过政府的政策干预和利益调节来促进相关企业及部门环境修复行为的实现和自然净化能力的增强（Sezgin，2013），形成胁迫弱化流。资源型企业跨区转移胁迫效应的产生和程度正是上述胁迫强化流与胁迫弱化流两类相反力量交互作用的过程和结果（见图 1）。

由此可见，资源型企业的跨区转移，既可能产生正向溢出效应，对于中西部资源富集省份产业升级和结构优化有着明显的促进作用；也可能产生负向胁迫效应，对于中西部资源富集省份高质量发展和生态文明建设有着明显的抑制作用。因此，需要对于此类溢出效应与胁迫效应进行深度比较研究。

（二）研究设计

为了比较溢出效应与胁迫效应的相对程度，即测度溢出效应与胁迫效应的比较关系，引入生态溢出效率指标，即生态溢出效率 = 资源型企业跨区转移带来的中西部资源富集省份经济价值增量与生态环境劣化增量的比值。这种经济价值增量揭示的本质是由于资源型企业跨区转移而带来的先进技术与管理等的扩散；生态环境劣化增量揭示的本质是由于资源型企业跨区转移而带来的生态环境的胁迫。生态溢出效率与 1992 年"世界可持续发展商业理事会（WBCSD）"提出的"生态效率"概念有着本质的区别，能够显示出转入地承受一个单位的环境胁迫所可能获得的开发技术和管理溢出效果，反映出转入地的发展质量，具体可用公式表示为：

$$\delta = \frac{\sum_{i=1}^{n} \lambda_i y_i}{\sum_{j=1}^{m} \mu_j x_j} \tag{1}$$

式（1）中 y_i 表示第 i 种资源产品和相关产品的增加值，λ_i 表示其权重；x_j 表示第 j 种生态环境劣化要素的增量，μ_j 表示其权重；δ 表示资源型企业跨区转移的生态溢出效率。δ 越高，表明转入地承受一定强度的环境胁迫而可能获得的技术和管理溢出强度和收益越高，反之亦然。

由此，基于资源型企业跨区转移的溢出机理和胁迫机理分析，并依据系统性、科学性、可获性原则，构建资源型企业跨区转移的生态溢出效率评价指标体系，主要包括生态环境劣化增量（投入）、经济价值增量（产出）等指标，具体如表 1 所示。

表 1　　　　资源型企业跨区转移生态溢出效率评价的投入产出指标体系

比较类别	具体变量
生态环境劣化增量（投入）	矿山废水排放量（x_1）
	矿山固体废物排放量（x_2）
	矿山废气排放量（x_3）
	矿山土地压占沉陷破坏量（x_4）
经济价值增量（产出）	资源产业工业增加值（y_1）
	关联产业工业增加值（y_2）

（1）投入指标。资源型企业跨区转移的胁迫效应机理揭示，对于自然环境功能产生胁迫的主要载体和表征是资源型企业转入后建设和开发过程中形成的矿山废弃矸石和废渣、矿床水和选矿冶炼废水、矿山废气，以及压占、沉陷破坏的土地等，因此采取转入地矿山固体废物、废水和废气的排放量，以及土地压占沉陷破坏量，作为胁迫程度即生态环境劣化增量的测度指标，并以此作为分析系统的投入指标。

（2）产出指标。资源型企业跨区转移的溢出效应机理揭示，溢出效应不仅发生在横向产业内，而且体现在纵向产业间。因此，对于溢出效应的测度，不仅要对转入地测量资源产业的经济价值增量，还要测量关联产业的经济价值增量（周游等，2016），并以此作为分析系统的产出指标。

考虑到一般的效率测算方法主要有两类：一类是参数方法，另一类是非参数方法。参数方法包括回归生产模型和随机前沿模型，它们需要预先设定生产函数的具体形式，可能存在因生产函数设定不当而影响结论准确性的风险。非参数方法包括 Fisher 指数法、Tornqvist 指数法和 Malmquist 指数法，它们虽然不需要设定生产函数的具体形式，但仍需要假设不存在随机误差现象，也可能影响效率估计的质量，而在一般的实证分析中，由于非参数的 Malmquist 指数法表现出多种明显的优势，诸如，计算简便，只需要投入和产出的数据，不需要假设生产函数的具体形式；可以分别用于规模收益不变和规模收益可变两种情形下的效率测算；特别是能够与数据包络分析方法（data envelopment analysis，DEA）的 CCR 模型（基于规模收益不变假设）或 BCC 模型（基于规模收益可变假设）相结合，利用经过科学度量的距离函数之比来构造效率指数，解决效率测算的静态分析和动态分析问题并得到广泛的应用。同时，考虑到中西部省份资源产业生产差异性较大，体现产出的产业内和产业间溢出效果难以准确计量，因此，采用更加符合资源产业生产现实的 DEA 方法中投入导向型 BCC 模型与非参数 Malmquist 指数相结合的方法来测算生态溢出效率（Caves et al.，1982），进行东部资源型企业跨区转移溢出效应与胁迫效应的比较评价。

四、实证研究

（一）样本选择与数据来源

基于上述分析，虑及研究样本的代表性、研究数据的可得性、研究过程的有效性、研究结果的普适性，尤其是山西、内蒙古、四川、贵州、云南、陕西、甘肃、青海、宁夏、新疆等资源富集省份承接东部省份煤炭企业的跨区转移极其活跃，故选取中西部 10 省份煤炭产业作为研究对象；同时，由于此类跨区转移是在国务院《探矿权采矿权转让管理办法》（1998 年）和西部大开发政策（2000 年）相继实施之后逐渐涌现，其相关效应的显现还有一个延迟过程，加之 2006 年起又受到国家"万商西进工程"政策的推动，因此测度的时间区段选取 2007～2017 年。以此保证决策单元数量至少超过投入指标数量与产出指标数量之和。

为测度资源型企业跨区转移的承接地经济价值增量，即产出值，分别采用承接跨区转移的中西部 10 省份煤炭产业新增工业增加值指标和电力、热力的生产及其供应业新增工业增加值指标，以充分体现对承接地资源产业的经济价值增量和关联产业的经济价值增量的测度。为测度资源型企业跨区转移的生态环境劣化增量，即投入值，采用中西部 10 省份承接煤炭产业转移新增矿山固体废物、废水、废气排放量和矿山土地压占沉陷破坏量。相关数据来源于 2007～2017 年《中国国土资源统计年鉴》《中国环境统计年鉴》《中国环境统计年报》《中国统计年鉴》以及相关省份的统计年鉴，其描述性统计如表 2 所示。

表 2　　　　　　　投入产出指标的描述性统计（2007～2017 年）

省份		变量					
		煤炭产业工业增加值（亿元）	相关行业工业增加值（亿元）	废水排放量（万吨）	固体废物排放量（万吨）	废气排放量（万吨）	土地压占沉陷破坏量（公顷）
山西	最小值	1086.510	256.670	20122.317	72.101	0.971	29014.000
	最大值	3529.485	547.823	61159.759	226.205	7.392	200709.690
	均值	2352.123	431.549	44832.701	165.585	4.899	113895.552
	标准差	759.874	110.112	12775.346	53.681	1.998	45447.890

省份		变量					
		煤炭产业工业增加值（亿元）	相关行业工业增加值（亿元）	废水排放量（万吨）	固体废物排放量（万吨）	废气排放量（万吨）	土地压占沉陷破坏量（公顷）
内蒙古	最小值	480.910	323.040	9942.980	26.725	0.699	75801.000
	最大值	2499.182	995.333	25776.304	96.848	3.761	501822.430
	均值	1796.856	741.464	17517.812	66.839	2.643	250010.131
	标准差	684.886	242.712	5508.482	24.179	0.996	165628.239
四川	最小值	167.560	386.090	2648.424	4.425	0.079	9502.480
	最大值	656.291	981.723	35024.963	10.829	0.621	21170.660
	均值	430.047	719.047	10666.687	7.213	0.375	14319.091
	标准差	136.056	220.072	9157.898	2.203	0.198	4188.907
贵州	最小值	90.850	205.060	2737.771	8.304	0.800	5437.000
	最大值	805.727	455.359	17398.330	28.695	2.383	40423.000
	均值	522.364	342.870	9401.340	21.339	1.465	15426.014
	标准差	279.857	84.786	4905.248	6.562	0.570	9028.089
云南	最小值	45.400	175.700	2065.399	2.554	0.120	7260.000
	最大值	321.907	521.804	35028.063	17.593	0.507	52425.550
	均值	176.789	372.892	7614.668	9.587	0.282	36363.425
	标准差	79.850	132.324	9259.593	4.975	0.135	14360.477
陕西	最小值	224.350	156.340	9236.195	6.925	0.285	6003.000
	最大值	1872.967	495.006	17918.700	24.904	1.555	68635.680
	均值	1082.800	361.202	14111.334	16.600	1.039	46030.214
	标准差	494.701	122.766	3051.424	4.641	0.430	22524.087
甘肃	最小值	44.790	130.410	1744.911	1.355	0.148	19841.000
	最大值	184.442	305.475	35031.163	4.859	0.288	52566.780
	均值	126.684	227.913	5096.464	3.520	0.238	34459.966
	标准差	44.944	64.556	9931.581	1.230	0.039	11698.288
青海	最小值	7.900	40.540	191.729	0.436	0.012	11747.000
	最大值	80.499	178.694	1987.846	16.848	0.136	24401.100
	均值	35.030	106.438	1060.258	6.354	0.074	23180.009
	标准差	26.590	46.347	716.792	6.919	0.050	3794.815

续表

省份		变量					
		煤炭产业工业增加值（亿元）	相关行业工业增加值（亿元）	废水排放量（万吨）	固体废物排放量（万吨）	废气排放量（万吨）	土地压占沉陷破坏量（公顷）
宁夏	最小值	69.110	83.260	4542.808	2.148	0.249	6232.600
	最大值	298.650	296.125	35034.263	12.467	0.852	63829.910
	均值	219.007	202.635	9867.111	7.310	0.583	24044.232
	标准差	83.966	84.506	8569.136	3.087	0.184	15548.157
新疆	最小值	32.320	72.990	1254.880	0.806	0.073	14861.650
	最大值	128.873	487.843	2985.515	4.893	0.308	57607.930
	均值	91.286	258.300	2146.924	3.079	0.209	41061.508
	标准差	33.918	145.845	677.531	1.447	0.083	13588.482

从表 2 中各指标的均值来看，山西、陕西和内蒙古三省份在煤炭产业新增工业增加值、相关产业新增工业增加值、废水排放量、废气排放量、固废排放量以及土地压占破坏量方面都位居前列，说明东部资源型企业的跨区转移给三省份带来显著溢出效应的同时也带来了显著的胁迫效应。而宁夏虽然新增工业增加值并不高，但是其废水排放量、废气排放量和土地压占沉陷破坏量均居高不下，说明东部资源型企业的跨区转移给该省份带来的溢出效应一般，胁迫效应较强。相对而言，新疆、青海煤炭资源丰富，煤炭产业新增工业增加值、相关产业新增工业增加值、废水排放量、废气排放量和固废排放量却较低，说明东部资源型企业的跨区转移给两省份带来溢出效应和胁迫效应并不明显。从表 2 中各指标的标准差来看，山西、内蒙古和陕西三省份在煤炭产业新增工业增加值、相关行业新增工业增加值、废水排放量、废气排放量、固废排放量和土地压占沉陷破坏量方面的标准差值均较高，说明资源型企业的跨区转移给三省份带来的溢出效应和胁迫效应波动性较大。仅有青海和新疆两省份在煤炭产业新增工业增加值、相关行业新增工业增加值、废水排放量、废气排放量、固废排放量方面的标准差值均较低，说明资源型企业的跨区转移给两省份带来的溢出效应和胁迫效应波动性较小。对于此类统计分析，还需要进行深入的实证检验。

（二）研究结果与分析

1. 生态溢出效率静态测算分析

假设测算一组共有 n 个决策单元的生态溢出效率，每个决策单元有 m 种投入和 s 种产出，x_{ij}、y_{rj} 分别表示第 j 个决策单元对第 i 种输入的投入和对第

r 种输出的产出；λ_j 表示权重变量，则前述 BCC 模型可以表示为：

$$
\begin{cases}
\min \theta - \varepsilon \left(\sum_{i=1}^{m} s_i^- + \sum_{i=1}^{m} s_r^+ \right) \\[2mm]
\text{s. t. } \sum_{j=1}^{n} x_{ij} \lambda_j + s_i^- = \theta x_{ij}, \ i = 1, \ 2, \ \cdots, \ m \\[2mm]
\quad\quad \sum_{j=1}^{n} y_{rj} \lambda_j - s_i^+ = y_{rj}, \ r = 1, \ 2, \ \cdots, \ s \\[2mm]
\quad\quad \sum_{j=1}^{n} \lambda_j = 1 \\[2mm]
s_i^- \geqslant 0, \ s_i^+ \geqslant 0, \ \lambda_j \geqslant 0, \ j = 1, \ 2, \ \cdots, \ n
\end{cases} \tag{2}
$$

式（2）中 θ 为相对效率，s_i^- 和 s_i^+ 表示投入和产出的松弛变量，ε 为非阿基米德无穷小量，可以理解为一个足够小的正数，实际应用中可设置为 0.00001。令 θ^*、s^{*+}、s^{*-}、λ^* 为最优解，则：$\theta^* = 1$ 时，表示决策单元至少为弱有效；$\theta^* = 1$ 且 s^{*+} 和 s^{*-} 均为 0 时，决策单元为强有效；$\theta^* < 1$ 或 $s^{*+} \neq 0$，$s^{*-} \neq 0$ 表示决策单元无效。

由此利用 DEAP 2.1 软件对 2007～2017 年我国中西部 10 个资源富集省份承接东部省份煤炭企业跨区转移的生态溢出效率进行分析，进一步运用 BCC 模型将生态溢出效率分解出纯技术生态溢出效率和规模生态溢出效率。这里纯技术生态溢出效率反映了与东部省份煤炭企业跨区转移技术及管理因素相关的生态溢出效率，规模生态溢出效率反映了与东部省份煤炭产业跨区转移规模因素相关的生态溢出效率。而且，生态溢出效率 = 纯技术生态溢出效率 × 规模生态溢出效率。

（1）生态溢出效率的综合分析。从整体变化趋势来审视。图 2 显示出在 2007～2017 年生态溢出效率的两方面特征：一是东部省份煤炭企业跨区转移的纯技术生态溢出效率曲线、规模生态溢出效率曲线和生态溢出效率曲线整体上均呈现出先下降后上升的趋势，并且纯技术生态溢出效率曲线一直处于较高水平，而生态溢出效率曲线与规模生态溢出效率曲线基本保持平行。这表明规模生态溢出效率相较于纯技术生态溢出效率虽然处于较低水平，但是其与生态溢出效率的相关性及其影响却更强，反映出规模因素占据主导地位。随着东部省份煤炭企业转移规模的扩大，中西部省份胁迫效应明显强化，溢出效应相对弱化，生态溢出效率下降，到达 2013 年降至最低，仅为 0.627。此后，中西部省份承接煤炭企业转移的规模得到科学有效控制，创新驱动战略逐步实施，产业升级逐步见效，溢出效应得到强化，胁迫效应相对弱化，生态溢出效率显著回弹。二是纯技术生态溢出效率曲线高于规模生态溢出效率曲线。这表明东部煤炭企业的跨区转移，不仅有跨区直接投资的落地，而且有先进技术和管理的转入，并且通过示范模仿、竞争优化、人员流动等渠道实现产业内的溢出，通过投入产出关联实现产业间的溢出，进而赋能产业升级。如统计表明 2007 年由技术市场流向山西、内蒙古、四川、贵州、云南、陕西、甘肃、青海、宁夏、新疆 10 个中西部省份的技术合同数为 26135 项，2017 年达到 62751 项，合同金额也从 256.92 亿元增长到 2236.04 亿元，增长近 8 倍，显著促进了煤炭产业的科学开发、技术进步和发展质量。

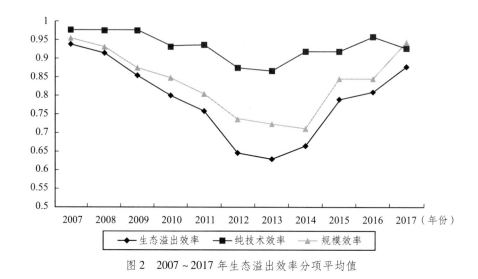

图 2　2007～2017 年生态溢出效率分项平均值

　　从局部特征年度表现来审视。表 3 列出了中西部 10 省份 2007 年、2012 年和 2017 年的生态溢出效率值①。对此可以由三方面来进一步分析：

表 3　　　　　　　　10 省份 2007 年、2012 年和 2017 年生态溢出效率值

省份	2007 年				2012 年				2017 年			
	生态溢出效率	纯技术生态溢出效率	规模生态溢出效率	规模收益	生态溢出效率	纯技术生态溢出效率	规模生态溢出效率	规模收益	生态溢出效率	纯技术生态溢出效率	规模生态溢出效率	规模收益
山西	1.000	1.000	1.000	–	0.589	1.000	0.589	drs	0.695	1.000	0.695	drs
内蒙古	1.000	1.000	1.000	–	0.975	1.000	0.975	drs	0.991	1.000	0.991	drs
四川	1.000	1.000	1.000	–	1.000	1.000	1.000	–	1.000	1.000	1.000	–
贵州	1.000	1.000	1.000	–	0.703	0.703	1.000	–	0.970	1.000	0.970	drs
云南	1.000	1.000	1.000	–	0.416	0.834	0.499	irs	1.000	1.000	1.000	–
陕西	1.000	1.000	1.000	–	1.000	1.000	1.000	–	1.000	1.000	1.000	–

① 由于篇幅限制，本文仅列出 2007 年、2012 年和 2017 年的结果并加以分析。

续表

省份	2007 年				2012 年				2017 年			
	生态溢出效率	纯技术生态溢出效率	规模生态溢出效率	规模收益	生态溢出效率	纯技术生态溢出效率	规模生态溢出效率	规模收益	生态溢出效率	纯技术生态溢出效率	规模生态溢出效率	规模收益
甘肃	1.000	1.000	1.000	–	0.430	0.602	0.714	irs	0.841	0.955	0.881	irs
青海	0.795	1.000	0.795	irs	0.489	1.000	0.489	irs	0.989	1.000	0.989	irs
宁夏	0.600	0.761	0.788	irs	0.422	0.623	0.678	irs	0.476	0.519	0.917	irs
新疆	0.976	1.000	0.976	irs	0.418	1.000	0.418	irs	0.796	0.823	0.967	irs
平均值	0.937	0.976	0.956		0.644	0.876	0.736		0.876	0.930	0.941	

注：生态溢出效率＝纯技术生态溢出效率×规模生态溢出效率；irs、－、drs 分别表示规模收益递增、不变、递减。

一是分析生态溢出效率。2007 年、2012 年和 2017 年生态溢出效率平均值均小于 1，未处于前沿面上，即未实现 DEA 有效，其中 2007 年和 2012 年的规模生态溢出效率平均值均低于纯技术生态溢出效率平均值，结合图 1 观察，在所研究的 11 个样本年中，仅 2017 年规模生态溢出效率赶超纯技术生态溢出效率，其他年份规模生态溢出效率均处于相对较低状态。也就是说煤炭企业跨区转移给中西部省份带来生态溢出效率的提升主要来源于技术和管理的进步，而投资规模扩大带来的贡献较小，与上文结论相同。进一步审视可见，不同省份的生态溢出效率也存在一定的差异，如四川和陕西两省在 3 个研究年度均处于前沿面，内蒙古也接近前沿面，说明他们在承接东部煤炭企业跨区转移时，投资规模适度、质量较高，资源配置较优，溢出渠道通畅，溢出效应显著强化，胁迫效应相对弱化。而其他省份的纯技术生态溢出效率和规模生态溢出效率则存在不同程度的短板，特别是宁夏的短板更为显著，这与其承接煤炭企业转移的规模、质量、效率的协调度不高有关。宁夏承接煤炭企业转移的规模较大，但国土面积不大，产业链发展延伸不长，特别是煤化工和煤综合利用等相关产业开发不足，国有重点煤矿非煤产业工业总产值所占比重不足 30%；煤炭开采机械化水平不高，仅达到全国机械化水平的 45%，未能有效吸收东部煤炭企业先进的开采技术和管理经验，溢出效应发挥不足，胁迫效应相对强化。二是分析纯技术生态溢出效率。2007 年、2012 年和 2017 年的纯技术生态溢出效率平均值分别为 0.976、0.876 和 0.930，呈现出先下降后上升的趋势，而且比较接近于 1。三个观察年度中，纯技术生态溢出效率均达到 1 的省份分别有 9 个、6 个和 7 个，说明纯技术生态溢出效率对生态溢出效率的贡献较大，反映出这些省份所承接转移的煤炭企业在技术水平和管理能力上具有明显优势，当地企业的学习模仿、吸收内化能力不差、产业关联度较高，溢出渠道通畅，溢出效应得到强化。进一步分析表明，在煤炭产业规模收益不变的情况下，当前的溢出效应达到最佳。如调查显示，四川省煤炭产业技术引进的经费支出从 2007 年的 5.1 亿元增加到 2017 年的 6.7 亿元，而且引进消化吸收再创新过程较为有效，专利申请数也增加了 8.74 倍，在 2017 年达到 167484 项[①]。有效促进了技术管理进步，以及纯技术生态溢出效率、生态溢出效率的提升。三是分析规模生态溢出效率。在 3 个观察年度中，规模生态溢出效率均达到 1 的省份仅有四川和陕西两省，数量明显少于纯技术生态溢出效率达到 1 的省份数量，其余规模生态溢出效率未达到 1 的省份均存在不同程度的效率损失。这表明规模生态溢出效率对于生态溢出效率的贡献较小，换言之，造成生态溢出效率下降的主要原因在于规模生态溢出效率低下。这反映出承接东部煤炭企业转移的规模扩张过快，重复建设明显，质量不高、收益不大，而且煤炭开发能力超出了当地的生态承载力。

（2）生态溢出效率的区域特征分析。依据《中国经济与社会发展统计数据库》的区域划分标准，在选取的 10 个样本省份中，山西、内蒙古 2 省份归属中部省份，四川、贵州、云南、陕西、甘肃、青海、宁夏、新疆 8 省份归属西部省份。进一步分区域计算生态溢出效率的结果如表 4 所示。在研究时段内，中部省份纯技术生态溢出效率均高于西部省份，除了 2010 年、2015 年和 2017 年这 3 年以外的规模生态溢出效率均高于西部地区，除了 2010 年和 2017 年两年以外的生态溢出效率均高于西部地区，而且在 2007 年和 2009 年的生态溢出效率均达到前沿面，2008 年也接近前沿面。形成这种局面的主要原因在于，中部省份相较于西部省份的基础设施更为完备，思想观念较为开放，学习模仿能力较强，能有效地消化吸收东部省份转移企业带来的先进技术和管理经验，促进落后生产力的淘汰和产业升级。同时市场机制较好、竞争压力较大，迫使转入企业不断进行技术和管理模式的更新升级，从而使得溢出效应逐步强化。如山西煤炭资源丰富，煤炭探明保有储量占全国的 1/3，承接煤炭企业转移和促进产业升级相关政策较为完善，曾在 2013 年 7 月 28 日至 8 月 6 日半个月内连续出台"煤炭 20 条""低热值煤炭发电 20 条"和"煤层气 20 条"三项煤炭产业招商引资、科学发展的扶持措施和激励政策，有效吸引了东部省份煤炭企业的转移，并促进了本省煤炭产业升级和生态溢出效率的提高[②]。

而西部省份在研究时段内生态溢出效率均未达到最优，并且在 2010 ~ 2016 年，一直处于偏低水平，表 4 显示除了 2017 年纯技术生态溢出效率是生态溢出效率偏低的主要致因，而其他年份生态溢出效率偏低主要源于规模

---

① 数据来源于《中国科技统计年鉴》。
② 参见《山西省半个月内接连出台 3 项措施扶持煤炭业》（《山西煤炭》2013 年第 9 期，第 37 ~ 38 页）。

生态溢出效率明显低于 1。形成这种局面的主要原因在于，西部省份地域辽阔，经济发展落后，基础设施不足，优秀人才欠缺，承接东部煤炭企业转移的规模不当，技术和管理的引进消化吸收和再创新的能力不足，溢出效应强度较弱，加之生态环境脆弱，胁迫效应相对较强，如调查统计表明，到 2017年在 8 个西部样本省份中有 6 个省份煤炭产业 CR_4 小于 30%，有 5 个省份年产能 $Q \leqslant 9$ 万吨煤矿数量占比超过 40%，集约化程度总体不高①。

表 4　　　　　2007~2017 年生态溢出效率分项平均值及规模报酬变化情况

年份	区域	生态溢出效率	纯技术生态溢出效率	规模生态溢出效率	规模报酬增减省份个数			
					递增	递减	不变	合计
2007	中部	1.000	1.000	1.000			2	2
	西部	0.921	0.970	0.945	3		5	8
	中西部	0.937	0.976	0.956	3		7	10
2008	中部	0.960	1.000	0.960		1	1	2
	西部	0.903	0.969	0.922	3		5	8
	中西部	0.914	0.975	0.930	3	1	6	10
2009	中部	1.000	1.000	1.000			2	2
	西部	0.816	0.970	0.841	4		4	8
	中西部	0.853	0.976	0.873	4		6	10
2010	中部	0.783	1.000	0.783		1	1	2
	西部	0.802	0.913	0.864	4		4	8
	中西部	0.798	0.931	0.848	4	1	5	10
2011	中部	0.836	1.000	0.836		1	1	2
	西部	0.737	0.920	0.796	5		3	8
	中西部	0.756	0.936	0.804	5	1	4	10
2012	中部	0.782	1.000	0.782		2		2
	西部	0.692	0.950	0.725	5		3	8
	中西部	0.710	0.960	0.736	5	2	3	10
2013	中部	0.783	1.000	0.783		1	1	2
	西部	0.630	0.887	0.705	6		2	8
	中西部	0.661	0.910	0.721	6	1	3	10

---

① 根据国家安全监管总局及相关省份发改委、煤监局发布数据统计整理。

续表

年份	区域	生态溢出效率	纯技术生态溢出效率	规模生态溢出效率	规模报酬增减省份个数			
					递增	递减	不变	合计
2014	中部	0.791	1.000	0.791		1	1	2
	西部	0.630	0.898	0.689	5		3	8
	中西部	0.662	0.919	0.709	5	1	4	10
2015	中部	0.791	1.000	0.791		1	1	2
	西部	0.789	0.898	0.857	4		4	8
	中西部	0.789	0.919	0.843	4	1	5	10
2016	中部	0.888	1.000	0.888		1	1	2
	西部	0.788	0.947	0.833	4	1	3	8
	中西部	0.808	0.958	0.844	4	2	4	10
2017	中部	0.843	1.000	0.843		2		2
	西部	0.884	0.912	0.966	4	1	3	8
	中西部	0.876	0.930	0.941	4	3	3	10

（3）生态溢出效率改善途径及潜力分析。针对样本省份生态溢出效率的计算和分析结果，可以利用 DEA 模型挖掘原始数据中的投入冗余部分和产出不足部分，分析效率偏低的致因，进而提出改进路径。在此选取 2017 年的生态溢出效率进行深度分析，通过 DEA 模型计算并厘清生态溢出效率非有效省份的致因及其改进路径和改进潜力，具体结果如表 5 所示。观察表 5 发现导致样本省份生态溢出效率 DEA 无效的原因存在显著差异，投入产出的改进潜力也各不相同。如内蒙古的废水排放冗余比例为 0.94%，而宁夏却高达 52.4%；青海的废气冗余比例为 12.99%，而宁夏则为 68.17%。从整体上看，大部分省份的产出部分达到了最优值，造成生态溢出效率 DEA 无效的原因主要是废水、废气、固体废物排放量以及土地压占沉陷破坏量过高。由表 5 进一步将 7 个生态溢出效率 DEA 非有效省份的投入冗余平均调整潜力降序排列依次为，废气 50.52%、固体废物 36.32%、土地压占沉陷破坏 33.43%、废水 22.83%。这表明东部省份煤炭企业的跨区转移在为中西部省份煤炭产业和相关产业带来工业产值和经济利益，并促进当地技术进步和经济发展的同时，又带来了一般企业转移所拥有的"三废"环境影响，还有煤炭开采所特有的 CH_4、SO_2 气体的排放污染、地下矿床伴生重金属矿物污染、土地压占沉陷、地下水系破坏等问题，必须引起高度重视。

表 5　　　　　　　　　　　　2017 年 DEA 非有效省份无效率原因及改善潜力

非有效地区	生态溢出效率	投入冗余部分				产出不足部分	
		废水排放量（万吨）	废气排放量（万吨）	固体废物排放量（万吨）	土地压占破坏面积（公顷）	煤炭业工业增加值（亿元）	电力、热力生产和供应业工业增加值（亿元）
山西	0.695	17198.69（-42.43）	27.64（-58.49）	3045.85（-58.49）	130721.09（-37.03）	2755.32（0）	898.93（0）
内蒙古	0.991	6724.42（-0.94）	19.96（-40.25）	3965.57（-60.09）	219208.00（-57.21）	2197.57（0）	180.95（0）
贵州	0.970	5612.36（-26.63）	12.07（-55.89）	1270.06（-3.00）	15283.10（-3.00）	794.35（0）	77.69（41.6）
甘肃	0.841	770.07（-15.93）	1.86（-56.92）	239.54（-41.36）	9309.09（-37.04）	184.44（0）	53.49（0）
青海	0.989	294.52（-1.09）	0.42（-12.99）	88.24（-6.26）	1260.99（-1.09）	43.20（39.20）	25.47（0）
宁夏	0.476	2018.28（-52.40）	4.54（-68.17）	492.21（-55.72）	27158.06（-59.44）	294.46（0）	53.84（0）
新疆	0.796	928.65（-20.39）	2.03（-60.89）	220.56（-29.34）	9176.89（-39.15）	128.87（55.73）	73.31（0）

注：括号内的数据为投入、产出调整改善的百分比。

2. 生态溢出效率动态测算分析

为了进一步分析中西部 10 省份生态溢出效率的变化趋势，将 DEA 方法与 Malmquist 指数法相结合，利用 10 省份 2007～2017 年的面板数据，计算生态溢出效率的变化值，作为动态分析的基础。其计算表达式为：

$$M(x^t, y^t, x^{t+1}, y^{t+1}) = \underbrace{\underbrace{\frac{D_v^t(x^t, y^t)}{D_v^t(x^{t+1}, y^{t+1})}}_{sech} \times \underbrace{\frac{D_c^t(x^{t+1}, y^{t+1})}{D_c^t(x^t, y^t)}}_{sech}}_{sech}$$

$$\times \underbrace{\left[\frac{D_c^t(x^{t+1}, y^{t+1})}{D_c^{t+1}(x^{t+1}, y^{t+1})} \times \frac{D_c^t(x^t, y^t)}{D_c^{t+1}(x^t, y^t)}\right]^{1/2}}_{sech} \quad (3)$$

$$tfpch = effch \times tech = (pech \times sech) \times tech$$

式（3）中，(x^t, y^t) 和 (x^{t+1}, y^{t+1}) 分别表示 t 期和 t+1 期的投入产出量。当 Malmquist 指数大于 1 时，表明研究期间内效率上升；当 Malmquist 指数值等于 1 时，表明研究期间内效率没有发生变化；当 Malmquist 指数值小于 1 时，表明研究期间内效率下降。

（1）全样本效率变化分析。表 6 显示出 2007～2017 年间全样本

Malmquist 生态溢出效率指数均值为 1.097，表明研究期间内生态溢出效率的变化是正向的，整体呈现上升态势，且以 9.7% 的年均速度稳步上升。

从结构上看，可以将 Malmquist 生态溢出效率指数分解为生态溢出技术效率变化和技术进步，其中生态溢出技术效率变化体现了煤炭企业跨区转移带来的溢出效应与胁迫效应的相对变化，反映出转入地煤炭产业及其相关产业对现有技术与管理的利用状况及生态保护状况；技术进步体现了煤炭企业跨区转移带来的新技术应用状况或技术创新进展状况。技术进步年均增长 10.6%，而生态溢出技术效率变化却小于 1，表明技术进步或技术创新是中西部承接煤炭企业转移 Malmquist 生态溢出效率指数增长的主要驱动因素。纯技术生态溢出效率变化反映了煤炭企业跨区转移过程中生产技术和管理经验要素配置与利用率的变化，规模生态溢出效率变化反映了煤炭企业跨区转移的生产规模效率变化情况。表 6 显示纯技术生态溢出效率变化和规模生态溢出效率变化分别平均下降了 0.6% 和 0.2%，进而导致生态溢出技术效率变化均值下降 0.8%，显然通过提高生产技术和管理经验要素的有效配置与利用、调节生产结构规模来实现生态溢出效率的提升还有一定的空间。这也进一步说明生态溢出效率的提升主要依靠技术进步，东部省份煤炭企业跨区转入中西部省份后，带来的先进技术和管理经验通过示范模仿、竞争优化、人员流动等渠道形成产业内的溢出，以及通过投入产出关联形成产业间溢出，促进了当地企业的技术进步和管理升级，以及煤炭产业和经济社会的高质量发展。

表 6　　　　　　　2007～2017 年 Malmquist 生态溢出效率指数及其分解

年份	生态溢出技术效率变化	技术进步	纯技术生态溢出效率变化	规模生态溢出效率变化	Malmquist 效率指数
2007～2008	0.966	1.146	0.999	0.967	1.107
2008～2009	0.928	1.219	1.003	0.925	1.131
2009～2010	0.921	2.019	0.944	0.976	1.859
2010～2011	0.944	0.733	1.005	0.939	0.692
2011～2012	0.925	1.06	1.031	0.896	0.980
2012～2013	0.930	0.976	0.943	0.986	0.908
2013～2014	0.957	1.455	1.000	0.957	1.393
2014～2015	1.238	1.219	1.000	1.238	1.509
2015～2016	1.066	0.415	1.060	1.006	0.442
2016～2017	1.091	1.735	0.959	1.137	1.892
平均值	0.992	1.106	0.994	0.998	1.097

　　（2）分区域效率变化分析。表 7 显示了研究期间承接煤炭企业转移的10 个中西部样本省份的 Malmquist 生态溢出效率指数值。由于各省份的Malmquist 生态溢出效率指数值均大于 1，表明各省份的生态溢出效率不断提升，发展势头良好。事实上，尽管生态溢出技术效率出现不同程度的下降，但是技术进步对于 Malmquist 生态溢出效率指数的影响更大。进一步观察发现，中部省份和西部省份的 Malmquist 生态溢出效率指数均呈现出上升的趋势，但西部省份 10.7% 的增长率要明显高于中部省份 6.4% 的增长率。形成这一局面的主要原因在于，西部省份的技术进步带给其 Malmquist 生态溢出效率指数提升的贡献较大。西部省份的开发较之中部省份也晚，工业基础和技术储备较为薄弱，随着西部大开发战略的实施和东部煤炭企业的跨区转移，不仅带来了大量的投资，更重要的是带来了先进的绿色开采技术和现代化管理，促进了技术进步的显著实现和生产技术效率大幅度提升。统计资料显示，随着东部煤炭企业跨区转移，流入西部省份的技术合同金额增长速度较快，在 2007 年时低于中部省份，到 2017 年已明显超过中部省份①。表明东部省份煤炭企业跨区转移对于西部省份的知识扩散影响比起中部省份更大，因而西部省份的生态溢出效率的上升速度更快。

表 7　　　　　　　　　　样本省份 Malmquist 生态溢出效率指数及其分解

省份	生态溢出 技术效率变化	技术进步	纯技术生态 溢出效率变化	规模生态溢出 效率变化	Malmquist 效率 指数
山西	0.964	1.127	1.000	0.964	1.087
内蒙古	0.999	1.041	1.000	0.999	1.040
四川	1.000	1.117	1.000	1.000	1.117
贵州	0.997	1.015	1.000	0.997	1.011
云南	1.000	1.229	1.000	1.000	1.229
陕西	1.000	1.081	1.000	1.000	1.081
甘肃	0.983	1.114	0.995	0.987	1.095
青海	1.022	1.151	1.000	1.022	1.176
宁夏	0.977	1.094	0.962	1.015	1.069
新疆	0.980	1.104	0.981	0.999	1.081
中部	0.982	1.084	1.000	0.982	1.064
西部	0.995	1.113	0.992	1.003	1.107
平均值	0.992	1.106	0.994	0.998	1.097

---

①　数据来源于《中国科技统计年鉴》。

五、研究结论与政策启示

（一）研究结论

（1）东部省份资源型企业的跨区转移既产生了溢出效应，也形成了胁迫效应。东部省份资源型企业转入中西部资源富集省份，一方面引发了当地同类企业的模仿行为、关联企业的提标行为并强化了竞争压力，促进了当地企业的技术与管理进步，也倒逼转入企业加快引入或开发更为先进的技术和管理方案，催生了更高层次的溢出效应。另一方面，在建矿、开采、洗选、冶炼等阶段产生了土地压占和沉陷破坏、固体废物、废水、废气和粉尘问题，并超出了源于政府政策干预和利益调节而激发出的相关企业环境修复进度及自然净化能力，形成对于中西部资源富集省份自然环境功能显著的胁迫效应。

（2）"生态溢出效率"能够有效测度资源型企业跨区转移溢出效应与胁迫效应的比较关系。"生态溢出效率"解释为一种转移行为的溢出效应与其胁迫效应的比值，即资源型企业的转移以对于当地单位环境的破坏所换来的体外的经济产出增量。它与 1992 年"世界可持续发展商业理事会（WBCSD）"提出的"生态效率"概念有着本质的区别。"生态溢出效率"不仅对于科学测度资源型企业跨区转移溢出效应与胁迫效应比较关系，丰富组织行为评价体系，有着重要的理论价值，而且对于有效调控资源型企业跨区转移行为，促进产业升级和区域高质量发展的相关政策制定提供了重要依据。

（3）生态溢出效率可以分解为纯技术生态溢出效率和规模生态溢出效率，而且纯技术生态溢出效率整体上要高于规模生态溢出效率。东部省份资源型企业的跨区转移，不仅有跨区直接投资的落地，而且有先进技术和管理模式的转移，并且通过示范模仿、竞争优化、人员流动等渠道实现产业内的溢出，通过投入产出关联实现产业间的溢出，而且这种溢出效应对于生态溢出效率的贡献更大，进而赋能产业升级。

（4）生态溢出效率偏低的主要致因依其投入冗余程度由高到低排序为相关省份废气排放量、固体废物排放量、土地压占沉陷破坏量、废水排放量。东部省份资源型企业的跨区转移不仅带来了一般企业转移所拥有的"三废"环境影响，还有资源开采所特有的甲烷（CH_4）、二氧化硫（SO_2）气体的排放污染、地下矿床伴生重金属矿物污染、土地压占沉陷、地下水系破坏等问题。

（5）西部省份承接资源型企业跨区转移的生态溢出效率低于中部省份，但是生态溢出效率的增长率却高于中部省份。这是由中部省份的产业基础相对优势与西部省份的技术进步相对优势所决定的。而从整体上看，资源型企业跨区转移的生态溢出效率呈现上升趋势，主要原因在于技术进步的有效实现。

（二）政策启示

（1）中西部资源富集省份政府必须从资源产业升级和生态文明建设两方面审视承接资源型企业转移的规模和质量，激发溢出效应，抑制胁迫效应。应当设立资源开发建设准入门槛，承接东部省份的大型矿务集团转入，实现优质高效生产要素的跨区流动，化解生产资源配置在地区间的不平衡、不协调的结构性矛盾，以及资源产业科技创新能力不足、科学管理水平不高的问题，也避免重复建设和投机性资金进入，从而促进相关地区高效、安全、绿色矿山建设和高质量发展，实现资源产业升级、竞争力强化和生态文明建设的协调共赢。

（2）中西部资源富集省份政府需要把"生态溢出效率"作为区域高质量发展考核的一项重要指标。凡是生态溢出效率偏低的区域，说明承接资源型企业转移对于区域发展质量提升不力，一方面需要推进"互联网＋"资源产业科技信息平台的建设，开展大型科技成果推介、对接服务活动和技能竞赛，增强转入企业与当地企业之间的联系交流，同时加大政府科技引导资金的扶持力度，激发当地企业的学习和研发行为，增强对转入企业技术和管理溢出的吸收能力。另一方面需要完善资源价格形成机制，以公开市场方式规范施行矿产资源探矿权和采矿权的"招、拍、挂"，优选承接技术和管理水平高、生态修复能力强、社会责任感高的企业，强力整合小企业，明确政府、企业的环境修复责任清单，从而促进相关区域资源产业、环保水平的升级和经济竞争力的增强。

（3）中西部资源富集省份政府需要针对区域发展短板，有效推进资源产业供给侧结构性改革，强化竞争约束机制，提升环境修复的有效性。中部省份要进一步加强对矿山环境影响报告、环境保护和恢复工程计划的审查以及落实情况的监督，推进资源开采区生态环境恢复治理；加强产学研合作、技术联盟等，促进企业学习和研发；健全和完善矿区内部环境管理机构及体制，细化责任，建立科学规范的考核体系和奖惩激励机制。西部省份要进一步构建防范性补偿、即时性补偿和修复性补偿体系，通过政府财政支出，征收资源税费及生态补偿费，建立生态补偿和恢复治理的专项资金，专款专用；严格审查矿山开采方案，有效控制其对生态环境的影响；推行"谁污染谁治理，谁破坏谁补偿"原则，提高责任企业赔偿费，使缴费标准高于污染治理成本；完善生态补偿监管机制建设，禁止非建设性"寻租"行为滋生；加大技术与管理人才引进的力度，提升引进消化吸收再创新能力。

参 考 文 献

［1］ 蒋殿春、张宇：《经济转型与外商直接投资技术溢出效应》，载《经济研究》2008 年第 7 期。

［2］ 李存芳、李丹萍、王世进：《资源枯竭型企业跨区转移行为及其溢出和胁迫效应》，科学出版社 2021 年版。

［3］ 李存芳、王梅玲、张晓旭、杜沈悦、张博：《东部资源型企业与西部资源富集地系统耦合研究》，载《管理评论》2020 年第 10 期。

［4］ 李存芳、王维、杜沈悦、董梅：《资源产业跨区直接投资外溢效应测度与启示》，载《资源科学》2019 年第 4 期。

［5］ 吕涛、聂锐：《东部煤炭企业跨区域资源开采模式研究》，载《中国矿业》2005 年第 6 期。

［6］ 万伦来、刘福、郭文慧：《煤炭开采对生态系统功能的胁迫作用：模型·实证》，载《环境科学研究》2016 年第 6 期。

［7］ 于会录、董锁成、李宇、李泽红、石广义：《丝绸之路经济带资源格局与合作开发模式研究》，载《资源科学》2014 年第 12 期。

［8］ 于立宏、王艳、陈家宜：《考虑环境和代际负外部性的中国采矿业绿色全要素生产率研究》，载《资源科学》2019 年第 12 期。

［9］ 臧旭恒、赵明亮：《垂直专业化分工与劳动力市场就业结构——基于中国工业行业面板数据的分析》，载《中国工业经济》2011 年第 6 期。

［10］ 周游、谭光荣、王涛生：《财政分权的门槛与 FDI 技术溢出效应的非线性研究：基于地方政府竞争视角》，载《管理世界》2016 年第 4 期。

［11］ 周正平、冯德连：《资源型企业副产品企业间循环利用的对策研究》，载《经济问题探索》2014 年第 2 期。

［12］ Bhagat, S., Malhotra, S., and Zhu, P. C., 2011: Emerging Country Cross-border Acquisitions: Characteristics, Acquirer Returns and Cross-sectional Determinants, *Emerging Markets Review*, Vol. 12, No. 3.

［13］ Brouwer, A. E., 2010: The Old and the Stubborn? Firm Characteristics and Relocation in the Netherlands, *European Spatial Research and Policy*, Vol. 17, No. 1.

［14］ Card, D., Hallock, K. F., and Moretti E., 2010: The geography of Giving: The Effect of Corporate Headquarters on Local Charities, *Journal of Public Economics*, Vol. 94, No. 3 – 4.

［15］ Caves, D. W., Christensen, L. R., and Diewert, W. E., 1982: The Economic Theory of Index Numbers and the Measurement of Input, Output, and Productivity, *Econometrica, Econometric Society*, Vol. 50, No. 6.

［16］ Dong, S. C., Li, Z. H., Li, Y., and Shi G. Y., 2015: Resources, Environment and Economic Patterns and Sustainable Development Modes of the Silk Road Economic Belt, *Journal of Resources and Ecology*, Vol. 6, No. 2.

［17］ Du, L. , Harrison, A. , and Jefferson, G. H. , 2012: Testing for Horizontal and Vertical Foreign Investment Spillovers in China, 1998 – 2007, *Journal of Asian Economics*, Vol. 23, No. 3.

［18］ Frenken, K. , Cefis, E. , and Stam, E. , 2011: *Industrial Dynamics and Economic Geography: A Survey*, Eindhoven: Technische Universiteit Eindhoven.

［19］ Gao, Z. G. , 2012: Sustainable development and upgrading mode of coal industry in China, *International Journal of Mining Science and Technology*, Vol. 22, No. 3.

［20］ Gong, B. L. , 2018: Total-factor Spillovers, Similarities, and Competitions in the Petroleum Industry, *Energy Economics*, Vol. 73.

［21］ Jiang, T. Y. , Huang, S. J. , and Yang, J. , 2019: Structural Carbon Emissions from Industry and Energy Systems in China: An Input-output Analysis, *Journal of Cleaner Production*, Vol. 240.

［22］ Kohli, R. and Mann, B. S. , 2012: Analyzing Determinants of Value Creation in Domestic and Cross Border Acquisitions in India, *International Business Review*, Vol. 21, No. 6.

［23］ Li, C. F. , Zhang, B. , Lai, Y. Z. , Dong, M. , and Li, D. P. , 2019: Does the Trans-regional Transfer of Resource-oriented Enterprises Generate a Stress Effect?, *Resources Policy*, Vol. 64.

［24］ Lin, J. T. and Xu, C. X. , 2017: The Impact of Environmental Regulation on Total Factor Energy Efficiency: A Cross-region Analysis in China, *Energies*, Vol. 10, No. 10.

［25］ Liu, J. , Liu, H. F. , Yao, X. L. , and Liu, Y. , 2016: Evaluating the Sustainability Impact of Consolidation Policy in China's Coal Mining Industry: A Data Envelopment Analysis, *Journal of Cleaner Production*, Vol. 112.

［26］ Liu, W. W. , Xu, X. D. , Yang, Z. L. , Zhao, J. Y. , and Xing, J. , 2016: Impacts of FDI Renewable Energy Technology Spillover on China's Energy Industry Performance, *Sustainability*, Vol. 8.

［27］ Liu, Z. , 2008: Foreign Direct Investment and Technology Spillovers: Theory and Evidence, *Journal of Development Economics*, Vol. 85, No. 1 – 2.

［28］ Lu, Y. T. , Wu, S. Z. , Zhu, J. H. , and Jia, J. L. , 2012: Analysis on Effect Decomposition of Industrial COD Emission, *Procedia Environmental Sciences*, Vol. 13.

［29］ Mebratie, A. D. and Bedi, A. S. , 2013: Foreign Direct Investment, Black Economic Empowerment and Labour Productivity in South Africa, *Journal of International Trade and Economic Development*, Vol. 22, No. 1.

［30］ Medina, J. P. , 2021: Mining Development and Macroeconomic Spillovers in Chile, *Resources Policy*, Vol. 70.

［31］ Ouyang, P. and Fu, S. , 2012: Economic Growth, Local Industrial Development and Inter-regional Spillovers from Foreign Direct Investment: Evidence from China, *China Economic Review*, Vol. 23, No. 2.

［32］ Ramassmy, B. , Yeung, M. , and Laforet, S. , 2012: China's Outward Foreign Direct Investment: Location Choice and Firm Ownership, *Journal of World Business*, Vol. 47, No. 1.

［33］ Sezgin, Z. , 2013：Ecological Modernization at the Intersection of Environment and Energy, *International Journal of Energy Economics and Policy*, Vol. 3, No. 5.

［34］ van der Ploeg, F. and Withagen, C. , 2012：Is There Really a Green Paradox?, *Journal of Environmental Economics and Management*, Vol. 64, No. 3.

Comparative Measure and Enlightenment of the Spillover Effect and Stress Effect of Cross-regional Transfer in Resources Enterprises

Cunfang Li   Tao Song   Bo Zhang   Wenhu Wang

Abstract：The cross-regional transfer of resources enterprises is an emerging management practice problem. The comparative analysis and scientific measurement of the spillover effect and stress effect of resources enterprises is the key to the strategic decision of regional high-quality development. Based on the idea of systems engineering, the formation mechanism of the spillover effect and stress effect of cross-regional transfer in the resources enterprises is analyzed, the concept and measurement index system of "ecological spillover efficiency" is proposed, and the combination method of DEA data envelopment analysis and non-parametric Malmquist index is applied to select the relevant data of the resources enterprises in 10 provinces in the central and western regions from 2007 to 2017 for empirical test. The results show that：（1）the cross-regional transfer of resources enterprises in eastern provinces has both spillover effect and stress effect. （2）Ecological spillover efficiency can effectively measure the comparative relationship between the spillover effect of cross-regional transfer and the stress effect of resources enterprises. （3）Ecological overflow efficiency can be decomposed into pure technical efficiency and scale efficiency, and the pure technical efficiency is generally higher than scale efficiency. （4）The main causes of low ecological overflow efficiency are exhaust emissions, solid waste emissions, land occupation subsidence damage and waste water emissions, ranked from high to low according to the degree of input redundancy. （5）The ecological overflow efficiency of western provinces is lower than that of central provinces, but the growth rate of its ecological overflow efficiency is higher than that of central provinces. The conclusion of this study can provide theoretical basis for formulating relevant policies for sustainable and high-quality development of resource industry in central and western provinces.

Keywords：Resources Enterprises　Cross-regional Transfer　Spillover Effect　Stress Effect Comparative Measure

JEL Classification：C38　D22　E22　L20

《产业经济评论》投稿体例

　　《产业经济评论》是由山东大学经济学院、山东大学产业经济研究所主办，由经济科学出版社出版的开放性产业经济专业学术文集。它以推进中国产业经济科学领域的学术研究、进一步推动中国产业经济理论的发展，加强产业经济领域中海内外学者之间的学术交流与合作为宗旨。《产业经济评论》为中文社会科学引文索引（CSSCI）来源集刊。

　　《产业经济评论》是一个中国经济理论与实践研究者的理论、思想交流平台，倡导规范、严谨的研究方法，鼓励理论和经验研究相结合的研究路线。《产业经济评论》欢迎原创性的理论、经验和评论性研究论文，特别欢迎有关中国产业经济问题的基础理论研究和比较研究论文。

　　《产业经济评论》设"综述"、"论文"和"书评"三个栏目。其中："综述"发表关于产业经济领域最新学术动态的综述性文章，目的是帮助国内学者及时掌握国际前沿研究动态；"论文"发表原创性的产业经济理论、经验实证研究文章；"书评"发表有关产业经济理论新书、新作的介绍和评论。

　　《产业经济评论》真诚欢迎大家投稿，以下是有关投稿体例说明。

　　1. 稿件发送电子邮件至：rie@ sdu. edu. cn。

　　2. 文章首页应包括：

　　（1）中文文章标题；（2）200 字左右的中文摘要；（3）3～5 个关键词；（4）作者姓名、署名单位、详细通信地址、邮编、联系电话和 E-mail 地址。

　　3. 文章的正文标题、表格、图形、公式须分别连续编号，脚注每页单独编号。大标题居中，编号用一、二、三；小标题左齐，编号用（一）、（二）、（三）；其他用阿拉伯数字。

　　4. 正文中文献引用格式：

　　单人作者：

　　"Stigler（1951）……""……（Stigler，1951）""杨小凯（2003）……""……（杨小凯，2003）"。

　　双人作者：

　　"Baumol and Willig（1981）……""……（Baumol and Willig，1981）""武力、温锐（2006）……""……（武力、温锐，2006）"。

　　三人以上作者：

"Baumol et al.（1977）……""……（Baumol et al.，1977）"。

"于立等（2002）……""……（于立等，2002）"。

文献引用不需要另加脚注，所引文献列在文末参考文献中即可。请确认包括脚注在内的每一个引用均有对应的参考文献。

5. 文章末页应包括：参考文献目录，按作者姓名的汉语拼音或英文字母顺序排列，中文在前，word 自动编号；英文文章标题；与中文摘要和关键词对应的英文摘要和英文关键词；2 ~ 4 个 JEL（*Journal of Economic Literature*）分类号。

参考文献均为实引，格式如下，请注意英文书名和期刊名为斜体，中文文献中使用全角标点符号，英文文献中使用半角标点符号：

［1］武力、温锐：《1949 年以来中国工业化的"轻重"之辨》，载《经济研究》2006 年第 9 期。

［2］杨小凯：《经济学——新兴古典与新古典框架》，社会科学文献出版社 2003 年版。

［3］于立、于左、陈艳利：《企业集团的性质、边界与规制难题》，载《产业经济评论》2002 年第 2 期。

［4］Baumol，W. J. and Willig，R. D.，1981：Fixed Costs，Sunk Costs，Entry Barriers，and Sustainability of Monopoly，*The Quarterly Journal of Economics*，Vol. 96，No. 3.

［5］Baumol，W. J.，Bailey，E. E.，and Willig，R. D.，1977：Weak Invisible Hand Theorems on the Sustainability of Multiproduct Natural Monopoly，*The American Economic Review*，Vol. 67，No. 3.

［6］Stigler，G. J.，1951：The Division of Labor is Limited by the Extent of the Market，*Journal of Political Economy*，Vol. 59，No. 3.

［7］Williamson，O. E.，1975：*Markets and Hierarchies*，New York：Free Press.

6. 稿件不做严格的字数限制，《综述》《论文》栏目的文章宜在 8000 字以上，欢迎长稿。

7. 投稿以中文为主，海外学者可用英文投稿，但须是未发表的稿件。稿件如果录用，由本刊负责翻译成中文，由作者审查定稿。文章在本刊发表后，作者可以继续在中国以外以英文发表。

8. 在收到您的稿件时，即认定您的稿件已专投《产业经济评论》并授权刊出。《产业经济评论》已被《中国学术期刊网络出版总库》及 CNKI 系列数据库收录，如果作者不同意文章被收录，请在投稿时说明。

《产业经济评论》的成长与提高离不开各位同仁的鼎力支持，我们诚挚地邀请海内外经济学界的同仁踊跃投稿，并感谢您惠赐佳作。我们的愿望是：经过各位同仁的共同努力，中国产业经济研究能够结出更丰硕的果实！

让我们共同迎接产业经济理论繁荣发展的世纪！